Rolf Lohberg · Theo Lutz

BASIC

programmieren – ganz einfach

SCHREIBERs
SCHLÜSSEL ZUR COMPUTERWELT

Rolf Lohberg · Theo Lutz

BASIC

programmieren – ganz einfach

Illustrationen: Gerhard Utecht

Verlag J. F. Schreiber · Esslingen

Inhalt

CIP-Kurztitelaufnahme der Deutschen Bibliothek

Lohberg, Rolf:
BASIC programmieren – ganz einfach / Rolf
Lohberg ; Theo Lutz. – Esslingen :
Schreiber
(Schreibers Schlüssel zur Computerwelt)
ISBN 3-480-13203-0
NE: Lutz, Theo:

Umschlaggestaltung: Claus Fritzmann
ISBN 3-480-13203-0

Vorwort

Ein Computer, der für uns arbeiten soll, braucht genaue und korrekte Anweisungen. Solche Anweisungen werden »Befehle« genannt. Eine Reihe von Befehlen, mit denen eine konkrete Aufgabe gelöst werden soll, nennt man in der Computersprache ein »Programm«.
Die Befehle eines Programms schreibt man nicht einfach in ausführlichem Deutsch hin. Damit könnte der Computer nichts anfangen. Er versteht eine knappe, oft kurios scheinende Programmiersprache, die aus Buchstaben- oder Zahlenkombinationen und symbolischen Zeichen besteht – für Uneingeführte eine Geheimsprache. Unter den vielen Programmiersprachen, die es heute gibt, zeichnet sich eine dadurch aus, daß sie erstens leicht zu lernen ist, daß sie zweitens von vielen Computern verstanden wird und, daß es – drittens – bereits Taschenrechner für wenige hundert Mark gibt, die man auch in dieser Sprache programmieren kann.
Diese Sprache heißt »BASIC«. Der Name ist bezeichnend und verrät den Spaß der Amerikaner (die BASIC 1964 erfanden) an Wortspielereien: BASIC ist die Abkürzung für »Beginner's All-purpose Symbolic Instruction Code« – also »Symbolischer Vielzweck-Befehls-Code für Anfänger«. Gleichzeitig heißt »basic« aber »grundlegend«.
Das Handbuch seines Computers sollte man zur Hand haben, wenn man sich mit diesem Büchlein hier befaßt. Wo mit Abweichungen gerechnet werden muß, weisen wir unmittelbar darauf hin. Wie wir überhaupt bemüht sein wollen, nur das Wesentliche von BASIC zu zeigen – und zwar für den Anfänger. Der wird schnell begreifen, daß es so schwer nicht ist, einen Computer zu programmieren. Man braucht zwar etwas Ausdauer und Geduld. Aber das Gerücht, daß nur Wunderkinder und Jung-Einsteins in der Lage seien, einen Computer zum Laufen zu bringen, stammt aus der Frühzeit der elektronischen Datenverarbeitung. Es ist überholt.
Wir wünschen Ihnen, daß Sie diese Erfahrung rasch bestätigen können.

Wie ein Computer aufgebaut ist

Wenn wir auf den folgenden Seiten vom Computer sprechen, dann meinen wir stets das, was landläufig »Mikro« oder »PC« genannt wird. Die beiden letzten Buchstaben stehen für »Personal Computer«. Das ist die amerikanische Bezeichnung für einen Computer, den man ganz persönlich für sich hat – privat, gewissermaßen. Wir meinen also kleine Geräte bis hinunter zum Taschenrechner.
Ein Computer, der ein Programm übernehmen und abwickeln soll, braucht eine Einrichtung, mit der man solch ein Programm in den Computer eingeben kann. Üblicherweise ist das eine Tastatur. Sie ist ein Eingabegerät. Was an Ergebnissen zustandekommt, wird auf den Bildschirm ausgegeben. Er ist ein Ausgabegerät – ebenso wie der Drucker, der das, was man auf dem Bildschirm sieht, auf Papier druckt.
Alles, was sich der Computer merken soll, kommt in den Speicher. Der ist in einzelne Zellen eingeteilt, die durchnumeriert sind. Ist ein Programm eingegeben, so teilt man dem Computer mit, wo es im Speicher steht.
Er arbeitet es dann Befehl um Befehl ab.

Die Tastatur
Sie ist für den Benutzer das wichtigste Instrument am Computer. Mit ihr macht er sich dem Gerät verständlich. Die Tastatur hat Tasten für alle Zeichen, die man braucht: Ziffern, Buchstaben (groß und klein), aber auch Sonderzeichen, wie sie für BASIC nötig sind. Viele Tasten sind Doppel- oder Dreifach-Tasten. Man muß dann umschalten. Dies macht man mit einer Taste, die auf amerikanisch SHIFT heißt.
Sehr wichtig ist auch die Taste ENTER. Drückt man sie, dann geht alles, was man in der Zwischenzeit eingetippt hat, in den Computer – also zum Prozessor. Es ist dann tatsächlich **im** Computer. Der kann jetzt reagieren.

Der Speicher
Er speichert die Daten und die Befehle des Programms und ist ein Stück modernster Mikro-Elektronik: klein, billig und von riesigem Fassungsvermögen. Er kann wenigstens 64 000 Tastenzeichen speichern. Doch kann die Zahl der Speicherstellen auch beim Mikro oder Heimcomputer bis an die Million reichen.
Der Speicher ist adressierbar. Das heißt: jede Speicherzelle hat eine Hausnummer, die Adresse. Gibt man der Elektronik die Adresse an, so holt sie den Speicherinhalt. Oder sie legt ihn dort ab. Je nach Auftrag.

Der Prozessor
Im Computer ist er so etwas ähnliches wie der Motor im Auto. Er betreibt das Gerät. Dazu kann er elektronisch dargestellte Daten aufnehmen und nach einem Programm, dessen Befehle er Stück um Stück aus dem Speicher holt, in andere Daten umsetzen. Der Prozessor versteht die Befehle und schaltet die zu jedem Befehl gehörigen Datenwege. Er verbindet damit die einzelnen Teile im Computer und macht sie aktiv.
Heute werden Prozessoren in Mikroelektronik gebaut. Deshalb spricht man auch von Mikroprozessoren.

Der Bildschirm
Er ist das Gesicht des Computers. Auf ihm kann man sehen, was man eintastet und dann eingeben will. Dort erscheint aber auch, was der Computer zu sagen hat – und zwar sowohl, wenn er etwas ausgerechnet hat, als auch, was man etwa falsch gemacht hat.
Die Oberfläche des Bildschirmes ist in Zeilen eingeteilt. Jede Zeile kann eine bestimmte Anzahl Zeichen aufnehmen, etwa 80. Wenn es 25 solcher Zeilen sind, haben auf dem Bildschirm 2000 Zeichen Platz. Das ist der Umfang einer DIN A 4-Seite im Querformat.
Die Stelle, die im Augenblick beschrieben werden kann, wird durch einen blinkenden Strich oder ein ähnliches blinkendes Zeichen angezeigt: den Cursor (sprich »Körser« – wobei das erste R fast weggelassen werden kann). Man kann den Cursor mit vier Tasten, die Pfeile tragen, auf jeden Zeichenpunkt der Bildoberfläche setzen und so jede Stelle ansteuern. Drückt man dann eine Taste, so wird das dort stehende Zeichen durch das neue überschrieben.

Verschiedene Bauweisen
Unser Bild links zeigt einen Mikrocomputer, bei dem Tastatur, Bildschirm und Zentraleinheit getrennte Geräte sind. Es gibt auch Mikros, bei denen diese Funktionen in einem Gehäuse untergebracht sind. Dem Benutzer kann das egal sein. Auf die Arbeitsweise des Mikro hat es keinen Einfluß. Höchstens auf den Preis und die Handhabung der Geräte.
Es gibt auch Heimcomputer im Taschenrechner-Format, die BASIC beherrschen. Die Tastatur ist dann einfach die Tastatur des Taschenrechners. Als Bildschirm dient ein schmales Bildfenster mit einer Zeile. Für kleinere Aufgaben ist das gar nicht so schlecht. Für uns ist wichtig, daß diese kleinen Dinger BASIC beherrschen. Auch wenn es nur ein recht wortarmer Dialekt von BASIC ist.

Die Zentraleinheit
Weil im Speicher alle Programme stehen, die gerade gelten, weil dort auch alle Daten zusammenlaufen und weil andererseits der Prozessor das zentrale Element unseres Computers ist – deshalb faßt man Speicher und Prozessor in einem Gehäuse zusammen. Man nennt das die »Zentraleinheit«. Der Begriff spricht für sich. Weil solche Zentraleinheiten bei Mikros heute sehr klein sind, nutzt man den Platz im Gehäuse und packt andere Dinge mit hinein. Zum Beispiel Laufwerke für Disketten, auf denen man große Datenmengen oder auch Programme speichern kann. Im Gehäuse ist aber auch die Elektronik für sonstige Geräte untergebracht, die man anschließen kann. Zum Beispiel kann dort auch ein Steuerknüppel für Computerspiele angebracht sein.

Der Drucker
Er dient dazu, das, was aus dem Computer kommt, schwarz auf weiß festzuhalten. Man kann im Programm Befehle unterbringen, die den Drucker zum Loslaufen veranlassen. Es gibt aber auch meist auf der Tastatur eine Taste, mit der man alles, was auf dem Schirm steht, auf den Drucker übertragen kann. So einfach ist das beim Mikro.
Der Drucker hat normalerweise Endlospapier und keine Einzelblatt-Zuführung. Daß Endlospapier immer gerade im wichtigsten Moment ausgeht, weiß jeder, der sich mit so einem Drucker schon einmal beschäftigt hat.

Ein Programm – das sind Befehle

Ein Computerprogramm ist eine Anweisung an den Computer: Er soll das tun, was man von ihm will. Es legt genau fest, in welcher Reihenfolge die einzelnen Teile des Computers gebraucht werden und wie sie zusammenarbeiten müssen, damit die Aufgabe gelöst wird. Solch ein Programm – ein recht einfaches – findet man auch in einer Waschmaschine. Es regelt, wann das Ventil geöffnet wird, damit Wasser einströmt. Dann schaltet es die Heizung ein, damit das Wasser beheizt wird. Anschließend wird die Trommel gedreht. Ein Computerprogramm sagt dem Computer, daß Daten gelesen werden sollen, wie sie zu verarbeiten sind und daß gedruckt werden soll.

Es besteht aus einzelnen Schritten. Das sind die Befehle, Instruktionen oder Anweisungen. Sie werden in BASIC (sprich: »Beisik«) durch Wörter aus dem Amerikanischen gekennzeichnet. Das ist am Anfang etwas lästig, lernt sich aber rasch. Englisch braucht man deshalb nicht zu können; die Wörter sind einfach. Es treten in BASIC auch Zeichen auf wie etwa + fürs Addieren und * fürs Multiplizieren. Das vereinfacht die Sache.

Ein kleines Beispiel
Geld auf der Bank bringt Zins. Der Zinssatz ist ein Prozentsatz. 5 Prozent von 100 sind 5. 5 Prozent von 500 sind fünfmal mehr, also 25. Hier ist ein Programm, das aus einem KAPITAL den ZINS errechnet, wenn der Zinssatz PROZENT heißt:

```
1  LIES KAPITAL, PROZENT
2  Rechne ZINS = KAPITAL * PROZENT / 100
3  Drucke ZINS
```

Die BASIC-Befehle
Hier ist das Zins-Programm mit Schlüsselwörtern von BASIC. Jeder Befehl beginnt mit einer Nummer, auf die ein Schlüsselwort folgt. Das sagt, um was für eine Art von Befehl es sich handelt:

```
10  INPUT KAPITAL, PROZENT
20  LET ZINS = KAPITAL * PROZENT / 100
30  PRINT ZINS
40  STOP
```

INPUT, LET, PRINT und STOP sind unsere ersten BASIC-Schlüsselwörter. INPUT verlangt die Eingabe von Daten, mit LET wird gerechnet, PRINT weist den Computer zum Ausgeben an. BASIC hat rund 50 solcher Schlüsselwörter.

BASIC ist eine Programmiersprache
Die Sprache, die der Computer direkt versteht, heißt »Maschinensprache«. Höhere Programmiersprachen, mit denen der Mensch leichter umgehen kann, werden vom Computer automatisch in die Maschinensprache übersetzt. BASIC ist solch eine höhere Programmiersprache. Sie ist leicht zu lernen und für kleine Computer geeignet. Deshalb verstehen fast alle Heimcomputer BASIC.

BASIC besteht aus festen Wörtern, die aus dem Amerikanischen stammen. Es sind Befehlswörter oder Schlüsselwörter. Ferner gibt es Namen für die Daten, die verarbeitet werden sollen und Zeichen wie + oder *, die bestimmte Bedeutungen haben. Schließlich gehören zu BASIC Regeln, die festlegen, wie man die Befehle schreibt.

Die Daten haben Namen
Wir haben für die Geldsumme, die Zins tragen soll, das Wort KAPITAL geschrieben und auf diese Weise einer Zahl einen Namen gegeben. Das ist beim Computer üblich. Da der Name mal diesen, mal jenen Wert bedeuten kann, heißt er »Variable«.
In BASIC benennt man Zahlenvariable immer mit einem Buch-

Im Speicher sind Daten und Befehle
Der Speicher im Computer ist ein großes Lagerhaus für Daten und Befehle. Er ist in Zellen eingeteilt, von denen jede ein Zeichen aufnimmt. Jede Zelle hat eine Nummer. Das ist ihre Adresse. In der Maschinensprache müßte man mit diesen Adressen hantieren. Wer mit BASIC arbeitet, hat dieses Problem nicht. Diese Programmiersprache tut das für ihn.
Die Befehle sind durch Zahlen gekennzeichnet. Die natürliche Reihenfolge dieser Zahlen legt fest, in welcher Reihenfolge die Befehle gespeichert und meist auch verarbeitet werden.
Daten werden in BASIC – und auch in anderen höheren Programmiersprachen – durch Namen gespeichert. Ein Buchstabe (oder ein Buchstabe plus einer Zahl) bezeichnen Zahlenwerte. Buchstaben, auf die zur Kennzeichnung ein Dollarzeichen $ folgt, enthalten Literale – also alphabetische Information.
Die Verwaltung der Speicheradressen besorgt BASIC selbst – oder vielmehr der Mikroprozessor, der auf BASIC eingerichtet ist. In Tabellen hält er fest, welche Namen zu welchen Adressen gehören – ähnlich wie in einem Telefonbuch.

Der Speicher im Mikroprozessor
Der Prozessor kann nur verarbeiten, was er im Speicher hat. Und die Daten, vor allem die Befehle, haben im Speicher nur Sinn, wenn sie dort jemand abholt. Das ist der Prozessor. Ein Arbeitsspeicher kann heutzutage viele tausend Zeichen speichern. Tausend heißt bei Technikern »Kilo«. Hat ein Speicher eine Kapazität von 64 Kilo oder 64K, so kann er 64 000 Zeichen speichern. 64K sind für viele Zwecke ausreichend. Manche Mikrocomputer können eine Million Zeichen speichern. Dazu sagt man 1 Mega oder 1M. Ein Arbeitsspeicher besteht aus mehreren Teilspeichern. Zwei heißen RAM oder ROM. Von denen ist unten die Rede. Es gibt dann noch Register: kleinste Datenspeicher für wenige Zeichen.

Zins mit BASIC
Wir können jetzt unser Zinsbeispiel in reinstem BASIC schreiben, indem wir den Daten den ersten Buchstaben des Namens geben, den wir bisher hatten. Aus ZINS wird Z, aus KAPITAL ein K, aus PROZENT ein P. Hinter die Zeilennummer setzen wir jeweils einen Doppelpunkt. So sieht das fertige Programm aus:

```
10 : INPUT K, P
20 : LET Z = K * P / 100
30 : PRINT Z
40 : STOP
50 : END
```

Bei STOP hält das Programm an, bei END ist es im Speicher zu Ende.

Was ist ein Register?
Ein Computer braucht Register für die unterschiedlichsten Zwecke. Es sind Kleinspeicher, die sehr schnell sind und Daten im Umfang einer Zahl aufnehmen. Will man etwas addieren, so lädt man zwei Register, deren Inhalt dann zusammengezählt wird. Ein BASIC-Benutzer braucht über die Register im Rechner nicht Bescheid zu wissen. Sie werden automatisch benutzt.

taben und, wenn dies nicht eicht, auch noch mit einer eintelligen Ziffer. Schreibt man in inem BASIC-Programm

135 LET K8 = 1000

o hat vom Befehl 135 an die /ariable K 8 den Wert 1000. /lanchmal speichert man unter inem Namen keine Zahlen, ondern Buchstaben und Zeichen. olche Buchstabendaten nennt nan »Literale«.

Was ist ROM?
Die Kurzform für »**R**ead-**O**nly-**M**emory«. Ein Speicher, den man nur lesen kann; der Hersteller hat ihn ein für allemal vollgeschrieben. Im ROM liefert der Hersteller feste Programme – etwa solche, die unsere BASIC-Programme in die Maschinensprache übersetzen. Der ROM faßt meist weniger Information als sein Kollege, der RAM.

Was ist RAM?
Ein »**R**andom-**A**ccess-**M**emory« – ein Speicher, den man auch selbst vollschreiben kann. Er nimmt auf, was von außen und von innen kommt, um es nach außen zum Benutzer oder nach innen, also zum Prozessor, weiterzugeben.
Liest man im RAM, so bleibt der Inhalt erhalten und man bekommt eine Kopie.

Unser Programm rechnet

Wir befassen uns weiter mit dem Programm, das in BASIC den Zins berechnet. Zunächst muß es in den Computer eingegeben werden. Das geschieht mit wenigen Handgriffen. Es ist auch recht einfach, ein eingegebenes Programm zu korrigieren. Wichtig ist die Befehlsnummer (oder auch Programmnummer), unter der man einen Befehl findet.

Genau so leicht ist es, ein eingegebenes Programm zum Laufen zu bringen – vorausgesetzt, es ist in Ordnung. Ist es dies nicht, hat man gegen die BASIC-Regeln verstoßen, so meldet sich der Prozessor. Zum Beispiel, wenn man Namen verwendet, die nicht erlaubt sind. Der Prozessor merkt auch, wenn man sich bei einem Schlüsselwort vertippt. Je nach Größe und Art des Computers macht er dazu dann eine Bemerkung auf dem Bildschirm. Im Handbuch des Mikro steht, was zu tun ist. Die wichtigsten Fehlerkommentare merkt man sich rasch. Wenn man allerdings Unsinn programmiert hat, indem man etwa »Addieren!« befohlen hat, während »Multiplizieren!« richtig gewesen wäre, dann merkt das der Prozessor nicht.

Ein ordentlicher Anfang
Wenn man ein Programm neu beginnt und genau weiß, was man programmieren will – dann bringt man zuerst den Speicher in Ordnung. Man tippt auf der Eingabe NEW und ENTER. Der Computer löscht jetzt den Programmspeicher. Gibt man zusätzlich noch CLEAR und anschließend ENTER ein, so werden auch alle Datenspeicher gelöscht. Mit NEW und CLEAR hat man gewissermaßen ein leeres Blatt Papier vor sich.
Bei den meisten Mikros gibt es auch eine Taste, mit der man alles löschen kann, was auf dem Bildschirm steht. Der Cursor steht dann ganz links oben. Die Taste könnte etwa CLS heißen, »**Cl**ear-**S**creen« – »Lösch den Schirm!«.

Wir tippen ein
Bevor man ein Programm eingibt, legt man sich auf einem Zettel zurecht, was man eigentlich will. Anfänger sind gut beraten, wenn sie als erstes ein Programm eintippen, das garantiert in Ordnung ist.
Eintippen heißt: Man gibt zunächst eine Zeilennummer ein und schreibt den ersten Befehl. Beliebig viele Zwischenräume, die Schlüsselwörter, Daten und Datennamen trennen, machen alles lesbarer. Dann tippt man ENTER und schafft damit die Zeile in den Speicher. (Bei den Zeilennummern geht man zweckmäßigerweise in Zehnerschritten vor. Dann kann man später weitere Befehle dazwischenklemmen.) Wenn auf dem Bildschirm kein anderslautender Kommentar erscheint, ist der Befehl damit im Speicher, und man beginnt mit dem nächsten Befehl.

Anweisungen und Kommandos

Man unterscheidet zwischen Anweisungen, die im Programm festgehalten sind, und Kommandos, mit denen man als Benutzer dem Gerät sagt, was es zu tun hat. Während die Anweisung PRINT Daten vom Programm auf den Schirm oder auf den Drucker gibt, holt das Kommando LIST, das der Bediener eingibt, das anstehende Programm (oder auch nur eine der Anweisungen im Programm) auf den Bildschirm. Kommandos sind also zum Bedienen da. Im Programm haben sie nichts zu suchen. Umgekehrt kann man mit Anweisungen – wie INPUT oder PRINT – das Gerät nicht bedienen.

Wir starten das Programm

Ein Programm laufen zu lassen, ist dann recht einfach, wenn das Programm korrekt ist. Gibt man das Kommando RUN ENTER, so beginnt der Programmlauf beim Befehl mit der niedersten Zeilennummer. Schreibt man RUN 45 ENTER, so beginnt das Programm beim Befehl 45. So einfach ist das.
Ist ein Befehl falsch, so wird dies angezeigt. Mit LIST und der Befehlszahl holt man sich den kranken Befehl auf den Bildschirm und korrigiert den Fehler.

Das Zinsprogramm läuft

Wenn wir das Zinsprogramm eingegeben haben, sieht es in unserem Hauptspeicher so aus:

```
10:   INPUT K,P
20:   LET Z = K * P / 100
30:   PRINT Z
40:   STOP
50:   END
```

Tippen wir jetzt RUN ENTER, so wird zuerst Befehl 10 abgewickelt. Das ist ein Eingabebefehl. Der Rechner erwartet Werte für K und P. Das zeigt er an, indem in der nächsten freien Zeile ein Fragezeichen erscheint – als Aufforderung, zunächst einen Wert für K einzugeben. Wir tippen 1000 ENTER. Wieder erscheint das Fragezeichen. Für P geben wir 5 ENTER ein. Von jetzt ab läuft alles schneller, als wir schreiben können. Der Rechner bildet Z im Befehl 20 und tut auf Befehl 30 das Ergebnis kund.

Diese Kommandos kennen wir schon:

ENTER	Gib das Eingetippte in den Speicher!
NEW	Lösche den Programmspeicher!
CLEAR	Lösche den Datenspeicher!
INSERT	Füge Zeichen ein! (Sondertaste)
DELETE	Lösche Zeichen! (Sondertaste)
LIST	Zeige das Programm!
LIST 50	Zeige die Programmzeile 50!
RUN	Starte das Programm beim Befehl mit der niedersten Befehlsnummer!
RUN 100	Starte das Programm beim Befehl 100!
SAVE	Sichere das Programm auf Diskette oder Kassette!
LOAD	Bringe das gesicherte Programm in den Arbeitsspeicher!

Falsch getippt

Stellt man fest, daß ein Befehl einen Wurm hat, so holt man ihn auf den Bildschirm, indem man etwa beim Befehl 45 tippt: LIST 45 ENTER. Ist nur ein Zeichen falsch, so setzt man den Cursor mit seinen Pfeiltasten auf das falsche Zeichen und überschreibt es mit einem besseren. Tippt man dann ENTER, so wandert der ausgebesserte Befehl ins Programm. Muß man ein Zeichen einfügen, so fährt man mit dem Cursor an die betreffende Stelle, drückt eine Taste, die INSERT (englisch für »Einfügen«) heißen könnte, und schreibt dann, was fehlt. Alles andere wandert automatisch um die nötige Zahl der Stellen nach rechts. Manche Rechner wollen, daß man für jedes neue Zeichen INSERT tippt.
Umgekehrt dient eine Taste DELETE (englisch für »Löschen«) dazu, das anstehende Zeichen auszuradieren. Korrigieren ist also sehr einfach.

Das Programm wird gesichert

Wenn unser Computer eine Diskette oder eine Kassette zum Speichern von Programmen hat, dann gibt es auch ein Kommando, mit dem man unser Programm – genauer gesagt: eine Kopie davon – dort speichern kann. Meist bewirkt dies das Wort SAVE (»sichern«). Vorher muß man aber im Handbuch nachschauen, wie das im Einzelnen vor sich geht. Umgekehrt bringt man mit LOAD (für »laden«) ein Programm von Diskette oder Kassette in den Arbeitsspeicher.

Wir rechnen mit Zahlen

Rechnen in BASIC ist nicht schwer; man muß es nur lernen. Ein BASIC-Computer läßt sich meist wie ein Taschenrechner benutzen. Man tippt die Rechnung ein, und der Computer zeigt das Ergebnis auf dem Schirm.

In Programmen kann man für jede Rechenoperation eine Anweisung schreiben. Das gibt lange Programme. Man kann umfangreichere Rechnungen aber auch in eine Formel oder Rechenkette zusammenfassen. Das ist bei BASIC gut möglich.

Will man rechnen, so gibt man jeder auftretenden Zahl, die keinen festen, unveränderlichen Wert hat, einen Namen. Solche Zahlen nennt man Variable. Schreibt man KAPITAL, so kann sich dahinter bei jeder neuen Rechnung ein anderer Wert verbergen. Mit dem Namen KAPITAL geht man um wie mit einer Zahl. Man kann solche Variablen zusammenzählen, abziehen, multiplizieren, dividieren – man kann eben alles mit ihnen tun, wie mit Zahlen auch. In Formeln kann man Zahlennamen auch mit festen Werten mischen.

Allerdings läßt sich ein solcher Zahlenname nur dann in einer Rechnung verwenden, wenn man ihm zuvor einen festen Wert gegeben hat. Das geschieht durch Eingabe mit dem Befehl INPUT. Oder mit einem Zuweisungsbefehl wie LET KAPITAL = 1250. Nach diesem Befehl hat KAPITAL den Wert 1250.

BASIC für einen Tischrechner
Ein Mikro mit BASIC taugt in den meisten Fällen auch als Tischrechner. Man kann mit ihm so einfach umgehen wie mit einem Taschenrechner. Die Klammern (und) bedeuten: Dies wird eingetastet! Und wenn wir (E) schreiben, meinen wir damit die Taste ENTER.

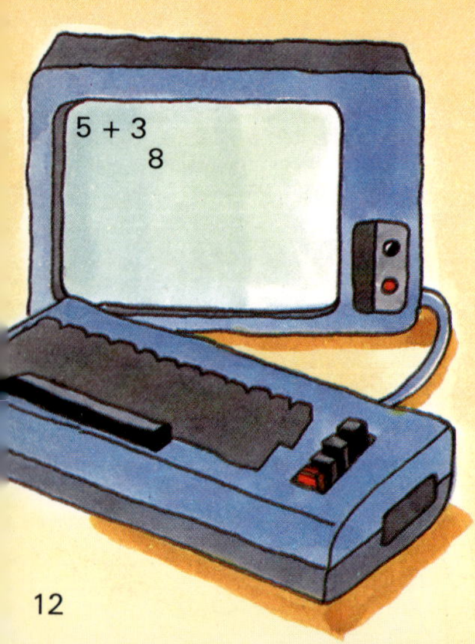

Addieren
Was ist 3 + 5?
Getippt wird
(5)(+)(3)(E)
Auf dem Schirm erscheint, was links zu sehen ist. Was wir tippen, steht ganz links auf dem Schirm. Was der Computer dazu zu sagen hat, steht darunter, etwas eingerückt.

Subtrahieren
Bei der Aufgabe »15 weniger neun« tippen wir:
(1)(5)(—)(9)(E)

Multiplizieren
Drei soll mit vier multipliziert werden. Das wird getippt:
(3)(*)(4)(E)

Dividieren
Wir teilen die Zahl 10 in vier Portionen. Was kommt dabei heraus? Getippt wird
(1)(0)(/)(4)(E)

Quadrieren
Man quadriert eine Zahl, wenn man sie mit sich selbst multipliziert. In verschiedenen BASIC-Dialekten geht das mal so, mal so. Wir zeigen zwei Versionen für das Quadrieren der Zahl vier:
Version 1
(4)(↑)(2)(E)
Version 2
(4)(*)(*)(2)(E)
Ergebnis: 16

Zuweisen
Wir wollen einer Zahl einen Zahlennamen geben. Anders gesagt: Wir wollen unter dem Namen KAPITAL einen Zahlenwert speichern. Der soll 1250 sein.
Das tippt man so:
(K)(A)(P)(I)(T)(A)(L)
(=)(1)(2)(5)(0)(E)
Auf dem Schirm sieht das so aus:

KAPITAL = 1250

Solange man keine andere Zuweisung für das Wort KAPITAL trifft, hat man mit diesem Namen immer den Zahlenwert 1250 verfügbar.

Ein Beispiel

Auf dem Bildschirm eines Heimcomputers sieht man:

Hier hat jemand Zinsprobleme, zwischen 5 und 6 Prozent. Es ist ein Vorteil, wenn man die Zeilen (3) und (6) vom Computer beziehen kann und nicht immer neu schreiben muß. Deshalb wurden die Programme erfunden.

Die Klammern

Zum komplizierteren Rechnen gehören auch Klammern. Was in Klammern steht, gehört zusammen und wird immer zuerst gerechnet. Dann kommen die Funktionen (wie etwa die Wurzel), dann wird mit * und / gerechnet, zu guter Letzt mit + und –. Wo man nicht sicher ist, setzt man Klammern, weil alles, was in Klammern steht, zuerst berechnet wird.

Die Funktionen

Oft braucht man kompliziertere Zahlenverknüpfungen, sogenannte Funktionen – beispielsweise die Wurzel. Die Wurzel aus 9 ist drei, weil 3 mit sich selbst multipliziert 9 ergibt. Das ist einfach, aber meist entstehen viele Kommastellen hinterm Dezimalpunkt. Will man in BASIC die Wurzel aus einer Zahl X, so schreibt man SQR(X). SQR kommt vom amerikanischen Wort **SQ**uare-**R**oot für die Wurzel.

Ein vollständiges Programm

Das Zinsprogramm aus unserem Beispiel kann rechnen und drucken. Wenn die Zahlen von außen kommen, braucht es einen Eingabebefehl: INPUT. Dem folgen dann Datennamen: KAPITAL und PROZENT.
Mit INPUT für die Eingabe, LET für das Rechnen und mit PRINT für die Datenausgabe kann man schon sehr viel rechnen:

```
10:  INPUT (Zahlennamen)
20:  LET (Zahlennamen, Zahlen
     und Rechenzeichen)
30:  PRINT (Zahlennamen)
40:  END
```

Man startet mit RUN 10.

Formeln

Ein Zahlenname bedeutet für BASIC eine Zahl: immer die, die dem Namen zuletzt zugewiesen wurde. Man darf also nicht nur Zahlen, sondern auch Zahlennamen miteinander verknüpfen. Was dabei herauskommt, sind Formeln. Man muß nur darauf achten, daß jeder Zahlenname vorher auch einen Wert zugewiesen bekam.

Ganze und natürliche Zahlen

Die bequemsten Zahlen sind immer die natürlichen: 1, 2, 3 und so weiter. Man kennt sie vom Fingerrechnen. Mit den natürlichen Zahlen kann man bequem addieren, multiplizieren und subtrahieren. Wenn man 5 von 3 abziehen will, hat man allerdings ein kleines Problem: dann erscheinen negative Zahlen.
Die negativen natürlichen Zahlen, die Null und die positiven natürlichen Zahlen faßt man in einem Begriff zusammen: man nennt sie die »ganzen Zahlen«. Im Amerikanischen heißen sie INTEGER (sprich: »intetscher«).

Der Weg zum Programm

Unser Beispiel links oben zeigt eine Folge von Vorgängen, um zweimal den Zins zu berechnen. Daraus macht man leicht ein komplettes BASIC-Programm. Man muß nur die Zeilen 4 und 7 um die Anweisung PRINT ergänzen und die Zeilennummern um einen Doppelpunkt.

Viele Zahlen

Meist hat man viele Zahlen, die man miteinander verknüpfen will.
Zum Beispiel:
Man erhält den Zins aus 1250 Mark, wenn man diesen Betrag mit dem Prozentsatz (im Beispiel: 5 %) multipliziert und dann durch 100 dividiert.
Eingetippt wird:
(1)(2)(5)(0)(*)(5)
(/)(1)(0)(0)(E)
Der Schirm zeigt:

```
1250 * 5/100
        62.5
```

Will man diesen Zins speichern, macht man eine Zuweisung:
ZINS = 1250 *
5 / 100

Der gleitende Dezimalpunkt

Brüche und rationale Zahlen

Dividiert man 1 durch 3, so hat das Ergebnis unendlich viele Stellen – lauter Dreien. Man ist in den Bereich der Brüche oder der »rationalen Zahlen« vorgestoßen. Die Stellen hinterm Dezimalpunkt, oft unendlich viele, die sich periodisch wiederholen. Im Computer gibt es aber nur eine bestimmte Anzahl von Stellen, zum Beispiel zehn. Man macht also bei $^1/_3$ einen kleinen Fehler, wenn man diese Zahl als 0,333 ... darstellt. Man merkt das manchmal, wenn man zuerst 1 durch 3 dividiert und dann wieder mit 3 multipliziert. Hier hat man oft ein Genauigkeitsproblem.

Reelle Zahlen

Der Zahlenwert für die Wurzel aus zwei heißt 1,4142135, ist aber viel länger: Es sind unendlich viele Stellen hinterm Komma. Periodisch ist diese Zahl allerdings nicht. Die Ziffern sind bunt gemischt. Solche Zahlen nennt man »reelle Zahlen«. Im Amerikanischen heißen sie REAL (sprich: »rial«). INTEGER und REAL sind beim Computer zwei wichtige Zahlentypen. BASIC wird leicht mit ihnen fertig.

Was macht ein Computer mit größeren Zahlen? Zunächst nimmt er die ersten zehn Ziffern, die er speichern kann, und ersetzt den Rest durch Nullen. Aus einer Zahl mit 15 Stellen – wie 123456789876543 – wird auf diese Weise 123456789800000. Dann schiebt er den Dezimalpunkt von rechts hinter die erste Ziffer und merkt sich die Anzahl der nötigen Schiebestellen. Bei unserem Beispiel sind es 14. Daraus macht der Rechner die Darstellung
1.234567898 E14
E steht für »Exponent«; die Zahl dahinter gibt an, um wieviel Stellen man nach rechts verschieben muß, um zur ursprünglichen Zahl zu kommen. Man nennt das »Gleitkommadarstellung«.

Das Programm bekommt Schleifen

Einfache Programme bestehen aus drei Teilen. Zuerst werden Daten gelesen. Dann wird mit ihnen gerechnet. Schließlich wird das Ergebnis gedruckt. Weil alles abläuft wie in einer Linie, nennt man solch ein Programm »linear«. Will man mit diesem Programm mehrere ähnliche Fälle rechnen, so läßt man es immer wieder von vorne laufen. Das Programm kann aber auch selbst wieder von Neuem anfangen. Man muß ihm nur sagen, wann es seinen linearen Kurs verlassen und wo es sich dann hinwenden soll. Das nennt man »verzweigen«; dazu gibt es den Befehl GOTO (»geh nach . . .«). Zu ihm gehört eine Befehlsnummer, die angibt, wo die Verzweigung hinführen soll.

Mit GOTO kann man verzweigen, wohin man will. Geht man immer wieder zurück, so hört der Rechner nie mehr auf. Will man das nicht, so braucht man einen Befehl, der das Verzweigen nur so lange zuläßt, bis eine bestimmte Bedingung erfüllt ist. Das ist der Befehl IF (»wenn«).
Falls hauptsächlich mit IF verzweigt wird, baut man an das lineare Programm eine Schleife an.

Das lineare Programm
Hier ist noch einmal das Zinsprogramm:

```
10:  INPUT KAPITAL, PROZENT
20:  LET ZINS = KAPITAL *
     PROZENT / 100
30:  PRINT ZINS
40:  END
```

Für solch ein Programm zeichnet man gern ein Bild:

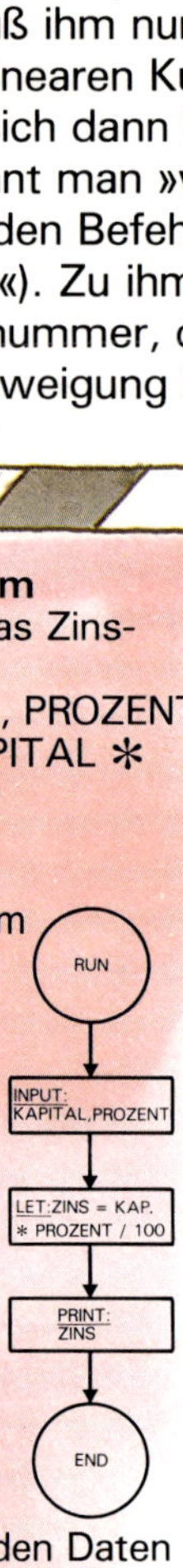

Im ersten Kasten werden Daten gelesen, im zweiten verarbeitet, im dritten ausgegeben. Man nennt solch ein Bild ein Flußdiagramm. RUN und END bilden den logischen Rahmen. Es ist ein »lineares Programm« – wie ein Lineal angeordnet: eins nach dem andern.

Wir haben viele Zinsfälle

Wenn man mehrere Zinsrechnungen machen muß, bleiben INPUT, LET und PRINT, wie sie sind. Dann aber geben wir einen zusätzlichen Befehl ein:

```
35 INPUT »JA = WEITER,
NEIN = STOP«; M$.
```

Die Antwort steht in M$. Mit einem weiteren Befehl testen wir, was in M$ steht – dem Befehl IF:

```
37   IF M$ = »JA« GOTO 10
```

Damit wird das Programm im JA-Fall nach 10 zurückgeführt; ein neuer Durchlauf beginnt:

```
10:  INPUT KAPITAL,
     PROZENT
20:  LET ZINS = KAPITAL
     *PROZENT / 100
30:  PRINT ZINS
35:  INPUT »JA = WEITER,
     NEIN = STOP«; M$
37:  IF M$ = »JA« GOTO 10
40:  END
```

Wir machen eine Tabelle
Manchmal ist es hilfreich, wenn man nicht jeden einzelnen Zinsfall für sich rechnen muß. Man kann vielleicht besser eine kleine Tabelle anlegen, die in zehn Schritten jeweils einen Zins anzeigt. Ein solches Programm sieht etwa so aus:

```
10:  INPUT KAPITAL
15:  LET N = 0
17:  LET PROZENT = 1
20:  LET ZINS = KAPITAL * PROZENT
     / 100
30:  PRINT ZINS
33:  LET N = N + 1
35:  LET PROZENT = PROZENT + 0.5
37:  IF N < = 10 GOTO 20
40:  END
```

Können Sie dieses Programm lesen? In Befehl 15 wird eine Variable auf den Wert 0 gesetzt. Diese Variable dient dazu, auf 10 zu zählen. Deshalb wird in Zeile 33 bei jedem Durchlauf eine 1 dazuaddiert. Ähnlich wird in jedem Durchlauf in Zeile 35 das Prozentfeld um 0,5 vergrößert. In Zeile 37 wird gefragt, ob man vielleicht schon am Ende ist. Andernfalls geht es wieder zurück nach 20.

»IF« heißt »wenn« – auch beim Rabatt

Mit dem Befehl IF kann man nicht nur den Abbruch eines Programms vorsehen, sondern auch innerhalb eines Programms die verschiedensten Fälle unterscheiden.
Da räumt ein Händler Rabatt ein – je nach dem Betrag, für den man gekauft hat. Wer das Programm lesen kann, der weiß, welcher Rabatt zu welchen Beträgen gehört:

```
10: INPUT BETRAG
20: IF BETRAG < 1000 LET
    PROZENT = 2.5 : GOTO 70
30: IF BETRAG < 2000 LET
    PROZENT = 3.5 : GOTO 70
40: IF BETRAG < 3500 LET
    PROZENT = 4.0 : GOTO 70
50: IF BETRAG < 5000 LET
    PROZENT = 5.0 : GOTO 70
60: LET PROZENT = 7.5
70: LET RABATT = BETRAG
    × PROZENT / 100
80: PRINT BETRAG; PROZENT;
    RABATT
90: END
```

Es lohnt sich sehr wohl, das Programm sorgfältig zu studieren und zu verfolgen, was für jeden einzelnen Rabattfall passiert.

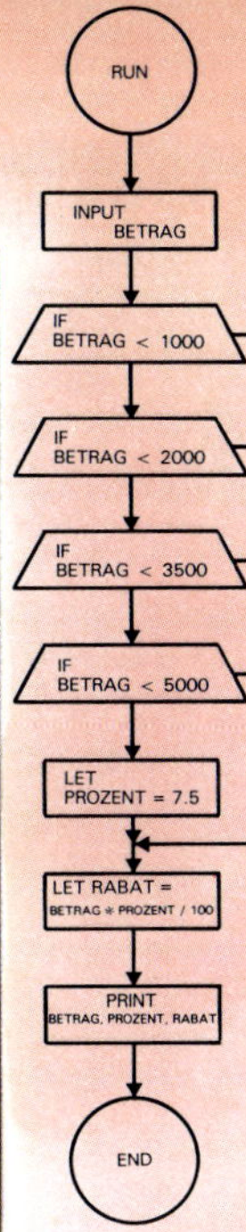

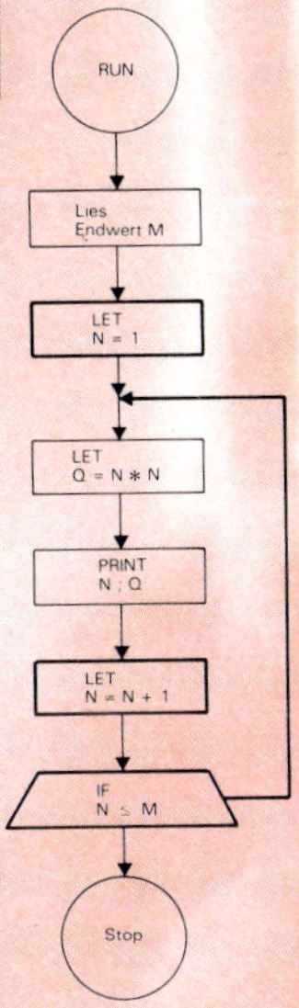

Es geht auch bequemer

Für jede Zeile einer Tabelle gibt es einen vollen Durchlauf durchs Programm. In einer Zählvariable, die N heißen könnte, zählt man mit. Vor dem Rückverzweigen muß man die Zählvariable N jeweils um einen Schritt erhöhen (LET N=N+1). Dann kann ein IF testen, ob rückverzweigt wird oder nicht, indem es mit dem Endwert M vergleicht.
Das Bild links unten zeigt ein solches Diagramm für eine Tabelle der Quadratzahlen.
BASIC hat eine elegantere Lösung für dieses Problem, den Befehl FOR (»für«). TO (»zu«) führt zum Endwert, STEP ist die Schrittweite. NEXT bedeutet: nächste Zählvariable.

```
10: INPUT M
20: FOR N = 1 TO M STEP 1
30: LET Q = N ∗ N
40: PRINT N;Q
50: NEXT N
60: END
```

Ein kompliziertes Flußdiagramm

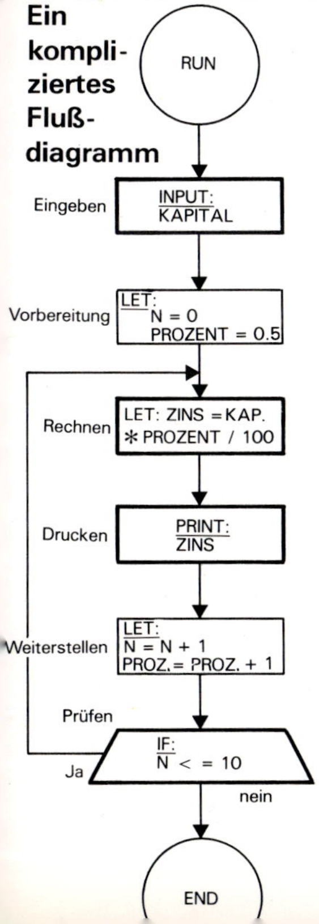

Das Testen von Programmen

Daß man beim Schreiben eines Programms Fehler machen kann, leuchtet ein.
Man findet solche Fehler durch Testdaten. Die muß man so konstruieren, daß jeder mögliche Zweig des Programms durchlaufen wird. Das sind bereits beim einfachen Rabatt-Programm fünf Zweige. Also muß man fünf Beträge so eingeben, daß jedem Betrag ein anderer Prozentsatz zugeteilt wird. Manchmal braucht man einen Zwischenwert von einer Stelle im Programm, die sonst nicht interessiert. Dann kann man fürs Testen ins Programm einen PRINT-Befehl einbauen, den man später wieder entfernt.

Sprachlehre für BASIC-Verzweigungen

Zu einer ordentlichen Sprache gehören Sprachregeln. Bei Programmiersprachen nennt man eine solche Grammatik eine »Syntax«. Tritt im Programm ein Fehler auf, so ist man gut beraten, wenn man sich zuerst davon überzeugt, daß die Syntax fehlerfrei ist. Hier sind syntaktische Regeln für BASIC-Verzweigungsbefehle (n ist immer eine Befehlsnummer):

```
GOTO n               GOTO n
IF Bedingung         GOTO n
IF Bedingung         THEN n
IF Bedingung         LET Ausdruck
IF Bedingung         LET Ausdruck
                     : GOTO n
FOR Zählvariab. =  Anfangswert
TO Endwert
STEP Schrittweite
Programm
NEXT Zählvariable
```

Vier Nester ...

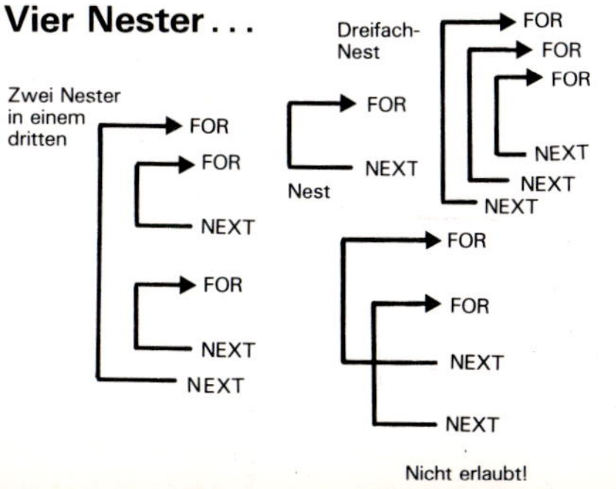

... und wie sie entstehen

Eine Programmschleife entsteht, wenn man mit GOTO, FOR oder IF verzweigt. Jedes zusammengehörige Paar von FOR und NEXT (NEXT bezeichnet eigentlich nur den Rücksprung auf das FOR, zu dem es gehört) bildet ein Nest. In ein FOR/NEXT-Nest darf man auch noch ein anderes legen. Wieviele Nester man machen kann, hängt vom BASIC-Dialekt ab. Nicht erlaubt ist, daß nur das FOR in einem Nest steckt und das NEXT außerhalb.

Das Schreiben und das Lesen

Wir haben bis zu dieser Seite hauptsächlich Zahlen eingegeben, verarbeitet und ausgegeben (also gedruckt oder auf dem Bildschirm gezeigt). Ein Computer muß aber auch mit Buchstaben und Text umgehen können.

Zahlen stellen numerische Werte dar – ganzzahlig, mit Dezimalstellen oder als Gleitkommazahl. Mit ihnen kann man rechnen.

Aber so, wie es Zahlen gibt, gibt es auch »Literale«. Die bestehen aus Text. Text – das liegt zwischen einer kurzen Bezeichnung und dem Inhalt eines Buchs. Mit Texten kann man nicht rechnen wie mit Zahlen – aber der Computer kann mit ihnen umgehen. Im Zusammenhang mit der Ein- und Ausgabe von Daten sind besonders Kommentare interessant. Eine Zahl gewinnt, wenn man ihr einen Namen gibt und sie dadurch bezeichnet. Auch beim Rechnen ist das nützlich. Wir lernen auf diesen Seiten, wie man die Eingabe und Ausgabe von Daten sprechend macht. Und wie daraus ein Dialog mit dem Computer wird.

Literale sind Kurztexte

»Literal« ist ein Kunstwort. Man meint damit eine beliebige Folge von Zeichen aus der Schreibmaschinentastatur (wie sie ja auch beim Mikro üblich ist). Das können also Buchstaben sein, aber auch irgendwelche Symbole oder Satzzeichen. Um im Computer Klarheit zu schaffen, was zu einem bestimmten Literal gehört und was nicht, packt man jedes zwischen zwei Anführungszeichen oder zwischen zwei Hochkommas – manchmal so, manchmal so. Es gibt auch Rechner, die beides verstehen. Ein Literal sieht so aus:

»12 ist eine Zahl«
Oder auch
›BITTE KAPITAL EINGEBEN‹

Es kann sogar eine Folge von fünf Zwischenräumen sein: »   «. Oder in einem andern BASIC-Dialekt ›   ‹.

Mit Namen anzureden

Wenn man mit Zahlen und Literalen umgeht, gibt man diesen Daten zweckmäßigerweise Namen.

Namen für Zahlen beginnen mit einem Buchstaben. Bei kleinen Rechnern bestehen sie nur aus einem Buchstaben. Der ist dann eine Abkürzung für den Namen. Wie lange Namen für Zahlen sein dürfen, entnimmt man dem Handbuch.

Namen für Literale beginnen in BASIC auch mit einem Buchstaben. Sie enden aber in jedem Fall mit dem Dollarzeichen $. Das sieht so aus: A$ oder Z$ oder auch WERT$.

Der Computer-Dialog

Unter einem Dialog versteht man ein Gespräch zwischen zwei Partnern. Hier: zwischen Mensch und Computer. Solch einen Dialog muß man dem Computer allerdings vorher einprogrammieren; von alleine kommt er nicht darauf. Das heißt, daß man in die INPUT- und auch in die PRINT-Befehle so viele erklärende Literale einführt, wie vertretbar sind. Sie dienen dazu, den unbedarften Benutzer so zu führen, daß er mit dem Computer gut und möglichst fehlerfrei umgehen kann. Hat er einen Fehler gemacht, so soll ihm der Computer helfen, weiterzukommen. Dieser »benutzerfreundliche« Dialog ist eine wichtige Hilfe im Umgang mit dem Computer.

Die Kommentare

Wenn man in einem Programm verzweigt, ist es oft nützlich, zum IF oder GOTO eine Bemerkung zu machen oder dem Bediener einen Kommentar zu geben. Das geht bei allen modernen Programmiersprachen. In BASIC dient dazu das Befehlswort REM (eine Abkürzung für REMARK, »Bemerkung«.) REM hat eine Programmnummer und tritt bei dieser Nummer auf. Auf REM folgt ein Literal. Etwa:

25 REM »EINGABE FÜR PROZENT«

Das Literal »EINGABE FÜR PROZENT« erscheint dann auf dem Bildschirm.

Der Befehl INPUT

In unseren Beispielen haben wir ihn immer so benutzt, daß auf das Wort INPUT eine Liste von Namen für Variable folgt, die eingegeben werden sollen. Die einzelnen Namen können Zahlen oder Literale bezeichnen. Einfache Rechner erlauben nur die Angabe eines einzigen Namens. Dann muß man für jeden angeforderten Wert ein eigenes INPUT schreiben. Komfortableres BASIC gestattet es, auch Literale einzufügen. Die erscheinen auf dem Bildschirm und sagen dem Benutzer nicht nur, daß etwas eingegeben werden soll, sondern auch, was das bedeutet.

INPUT »BETRAG= «;BETRAG

erzeugt auf dem Schirm also nicht nur ein Fragezeichen oder eine ähnliche lapidare Aufforderung, sondern den Literaltext

BETRAG=

Der Benutzer weiß dann, daß er eine Betragszahl eingeben muß.

Der Zins im Dialog

Hier ist ein kleines Programm zum Zinsberechnen:

```
10:  REM »ZINSPROGRAMM«
20:  PRINT »BITTE GEBEN SIE IHRE
     DATEN EIN:«
30:  INPUT »BETRAG= «;BETRAG
40:  INPUT »PROZENTSATZ= »;PRO-
     ZENT
50:  PRINT »ZINS= «;(BETRAG *PRO-
     ZENT/100);« DM«
60:  END
```

Dazu gehört folgendes Bildschirmprotokoll:

```
RUN 10
BITTE GEBEN SIE IHRE DATEN EIN
BETRAG= 1250
PROZENTSATZ=5
ZINS= 62.5 DM
```

Es ist ein richtiges Protokoll, das alles zeigt, was im Computer passiert ist.

Der Befehl PRINT

Dieser Befehl druckt oder bringt ein Ergebnis auf den Bildschirm (das hängt vom Computer ab). Man kann hinter einem PRINT auch ein Literal schreiben, das einen erklärenden Text darstellt.

Bei

PRINT »BITTE BETRAG EINGEBEN«

weiß der Benutzer, was von ihm erwartet wird. Mit dieser Version des PRINT-Befehls soll man nicht geizen, weil sich damit viele erklärende Kommentare ergeben. Wenn man kontrollieren will, ob ein Programm an einer bestimmten Stelle vorbeikommt, so setzt man dorthin in der Testphase ein PRINT mit einem entsprechenden Text. Das kann man später wieder löschen.

Auf PRINT darf auch ein arithmetischer Ausdruck folgen. Der Befehl

PRINT »ZINS= «;(BETRAG*PROZENT / 100);»DM«

bringt (bei BETRAG=1250 und PROZENT=5) auf Papier oder den Bildschirm:

ZINS=62.5 DM

Der Einfluß aufs Druckbild

Im Innern des Rechners haben Zahlen oft eine andere Darstellung, als man sie ausgedruckt haben will – zum Beispiel mehr Stellen hinterm Dezimalpunkt, als man braucht. Deshalb schreibt der Befehl USING dem Computer vor, wie die Daten dargestellt werden sollen. Gibt man PRINT USING 30 ein und dann einen oder mehrere Datennamen, so erwartet BASIC, daß unter der Programmnummer 30 eine detaillierte Anweisung steht, wie die Daten ausgedruckt werden sollen.

Ein geschwätziges Rate-Programm

Wir bauen jetzt alles, was wir auf den letzten Seiten gelernt haben, zu einem Beispiel zusammen. Es geht ums Zahlenraten. Das Programm fordert Sie auf, eine Zahl zu erraten, die der Computer gewürfelt hat. (Dabei erfahren wir unter anderem, daß der Computer würfeln kann.)
Sie dürfen achtmal raten. Der Computer kommentiert, was Sie jeweils eingegeben haben. Er gratuliert, wenn Sie es schaffen und tröstet Sie bei Mißerfolg. Dann fragt er höflich, ob Sie weiterspielen wollen. Wenn ja, würfelt er eine neue Zahl und Sie haben eine neue Chance. Interessant ist an diesem Beispiel der Zufall, der uns später noch einmal begegnen wird. Interessant sind aber vor allem die vielen Kommentare und Verzweigungen im Programm. Das nennt man »Dialogtechnik«.
Versuchen Sie zuerst einmal, das Programm zu lesen, Befehl um Befehl! Es ist nicht schwierig. Bei Befehl 40 entsteht die Zufallszahl. Nehmen Sie irgend eine Zahl zwischen 1 und 100 und arbeiten Sie mit ihr! (Wenn Ihr Computer keine Zufallszahl herstellen kann, so finden Sie einen Hinweis auf ein Programm, das würfelt.)

Der würfelnde Computer
Jeder Wurf mit einem Würfel liefert eine Zufallsziffer zwischen 1 und 6. Man kann ein BASIC-Programm schreiben, das sich für die Ziffern 0 bis 9 ebenso verhält. Wenn man zum Beispiel die Kreiszahl Pi (31415965) immer wieder mit sich selbst multipliziert, mischen sich die Ziffern in der Mitte der Zahl so, daß man sie als Zufallsziffern entnehmen kann. Wie man Ziffern entnimmt, zeigen wir rechts unten.

Wenn Ihr BASIC keine RND-Funktion hat,
lesen Sie auf Seite 20, wie man sich aus dem, was wir bis dahin gelernt haben, ein entsprechendes Unterprogramm baut.

Die Funktion namens Zufall
Manche BASIC-Computer haben eine Zufallsfunktion. Sie heißt RND oder ähnlich und liefert jedesmal eine andere Zahl zwischen 0 und 1, also Zahlen wie etwa 0.382934802. Daraus macht man eine Ziffer zwischen 0 und 9, indem man mit 10 multipliziert und alles wegläßt, was nach dem Dezimalpunkt kommt. Letzteres besorgt die Funktion INT, die Bestandteil von BASIC ist. Der Befehl

N = INT(RND*10)

liefert Zufallsziffern, die sich wie Würfelzahlen verhalten. (Multipliziert man mit 100, so bekommt man ganze Zahlen zwischen 00 und 99.)

Wir schlachten eine Zahl
Aus der Zahl Q=0.5837208 soll die mittlere Ziffer – also die 7 – herausgeschnitten werden. Dazu wird Q mit 10 000 multipliziert; dann nimmt die Funktion INT den ganzzahligen Anteil vor dem Dezimalpunkt weg:

R=INT(Q*10 000) = 5837

Jetzt multiplizieren wir Q mit 1000, nehmen wieder den ganzzahligen Anteil (583) und multiplizieren mit 10: S=INT(Q*1000)*10 = 5830
Die Differenz R—S ergibt die 7:

```
LET R=INT(Q*10 000)
LET S=INT(Q*1000)*10
LET N=R—S
```

Wir kommentieren das Programm

Sie finden hier eine kurze Erklärung für jede Programmzeile. Sie soll Ihnen weiterhelfen, wenn Sie hängenbleiben. Lesen Sie unsere Kommentare zunächst nur, wenn Sie selbst nicht zurechtkommen. Tun Sie es später, wenn Sie das Programm verstanden haben, damit Sie auch die Details kennen!

BEFEHL 10: Das Programm sagt Ihnen, was auf Sie zukommt.

Das Zahlenrate-Programm

```
 10:  PRINT »RATEN SIE EINE VON MIR GEDACHTE
      ZAHL ZWISCHEN 1 UND 100«
 20:  PRINT »UND ZWAR DUERFEN SIE 8 MAL RATEN«
 30:  LET T=0
 40:  LET N=INT(RND*100)+1
 50:  IF T>=8 GOTO 180
 60:  LET T=T+1
 70:  PRINT »RATEN SIE JETZT«
 80:  INPUT G
 90:  IF G=N GOTO 150
100:  IF G>=N GOTO 130
110:  PRINT G;« IST ZU KLEIN«
120:  GOTO 50
130:  PRINT G;« IST ZU GROSS«
140:  GOTO 50
150:  PRINT »GLUECKWUNSCH! SIE HABEN ES
      GESCHAFFT«
160:  PRINT »ABER SIE MUSSTEN DOCH IMMERHIN
      «;T;« MAL RATEN«
170:  GOTO 190
180:  PRINT »TUT MIR LEID , ABER SIE HATTEN
      IMMERHIN 8 CHANCEN«
185:  PRINT »MEINE ZAHL WAR UEBRIGENS «;N
190:  PRINT »NEUES SPIEL? 1=JA, 0=NEIN«
200:  INPUT B
210:  IF B=0 GOTO 230
220:  GOTO 30
230:  PRINT »SIE TRAUEN SICH WOHL NICHT MEHR?«
240:  STOP
250:  END
```

BEFEHL 20: Das Programm erklärt Ihnen eine der Spielregeln.
BEFEHL 30: Mit dem Zähler T wird auf 8 gezählt. Deshalb muß man ihn zu Beginn auf Null setzen.
BEFEHL 40: Hier entsteht die Zufallszahl, die Sie raten sollen. Dazu gibt es bei den meisten BASIC-Computern die Funktion RND oder eine ähnliche Abkürzung (diese hier steht für RANDOM, »Zufall«). Sie erzeugt eine Zahl zwischen 0 und 1, also etwa 0.32567. Unser Befehl multipliziert diese Zahl mit 100, macht daraus also 32.567. Die Funktion INT (nach INTEGER, »ganze Zahl«) nimmt daraus den ganzzahligen Anteil vor dem Dezimalpunkt. Bei unserem Beispiel wäre also N=32.

BEFEHL 50: Das Programm prüft, ob schon mehr als acht Versuche gemacht wurden. Wenn ja, geht es nach 180. Der Spieler hat es nicht geschafft.
BEFEHL 60: Der Zähler für die Anzahl der Spiele wird um 1 erhöht.
BEFEHL 70: Die Aufforderung zum Abgeben einer Ratezahl.
BEFEHL 80: Die Ratezahl wird angefordert und geht unter dem Namen G ins Programm.
BEFEHL 90: Das Raten hat Erfolg: G=N. Das Programm verzweigt zum Glückwunsch.
BEFEHL 100: Die erratene Zahl ist größer als die zu erratende. Dieser Fall wird in 130 abgehandelt.
BEFEHL 110: G ist weder gleich noch größer als N, demzufolge ist es kleiner. Dies wird kommentiert.
BEFEHL 120: Weil zu klein geraten wurde, zurück zum nächsten Durchlauf, der bei 50 beginnt!
BEFEHL 130: Hierher kommt man vom Befehl 100. Dort wurde festgestellt, daß zu groß geraten wurde. Dies wird ausgedruckt.
BEFEHL 140: Weil zu groß geraten wurde, zurück zum nächsten Durchlauf!
BEFEHL 150: Hierher kommt man, wenn die Zahl erraten wurde, also G=N ist, bevor T größer als 8 wurde. Es wird gratuliert.
BEFEHL 160: Zwar hat man gewonnen, aber das Programm kann es sich nicht verkneifen, noch etwas zu höhnen.
BEFEHL 170: Das Spiel ist aus. In 190 beginnt die Frage, ob weitergespielt werden soll.
BEFEHL 180: Hier landet man von 50, wenn man verloren hat. Das Programm macht eine entsprechende Bemerkung.
BEFEHL 185: Dem Verlierer wird bekanntgegeben, welche Zahl zu erraten war.
BEFEHL 190: Das ist der Programmzweig, in dem ermittelt wird, ob der Gewinner (er kommt von 170) oder der Verlierer (der kommt von 185) weiterspielen will. Man wird darüber informiert, daß man mit 1 weitermachen, mit 0 aufhören kann.
BEFEHL 200: Die Antwort auf die Frage in 190 wird abverlangt. Mit 1 geht's weiter, mit 0 nicht.
BEFEHL 210: Wer auf die Frage, ob er weiterspielen will, mit »nein« antwortet, hat bei 200 eine Null getippt. Dann geht es nach 230.
BEFEHL 220: Wer auf die Frage, ob er weiterspielen will, mit »ja« antwortet, hat bei 200 eine 1 getippt. 210 wurde übergangen; es geht nach 30 zur nächsten Runde.
BEFEHL 230: Hierher kommt man von 210. Es wird nicht mehr weitergespielt. Einen Kommentar kann sich das Programm nicht verkneifen.
BEFEHL 240: Das Programm stoppt wegen mangelnden Interesses, weiterzuspielen.
BEFEHL 250: Hier endet das Programm.

Jetzt würfeln wir im Unterprogramm

Es kommt gar nicht so selten vor, daß man in einem größeren Programm immer wieder etwas braucht, was dort gar nicht vorgesehen ist: eine Folge von Befehlen oder eine Funktion. Dann legt man ein Unterprogramm an. Das ist ein Stück Programm wie jedes andere auch – aber eines, das durch einen Befehl aufgerufen wird.
Man kommt zu einem solchen Unterprogramm nicht über GOTO, sondern über GOSUB. (SUB kommt von »Subroutine« – deutsch »Unterprogramm«). Auf GOSUB folgt die Nummer des ersten Befehls im Unterprogramm. Der letzte Befehl im Unterprogramm heißt RETURN (zu deutsch: »zurück«). GOSUB merkt sich, wohin das Unterprogramm zurückkehren muß; RETURN bringt es dorthin. Das ist ziemlich einfach, weil BASIC alles automatisch macht.
Wir entwickeln auf diesen Seiten ein Unterprogramm, das Zufallsziffern zwischen 0 und 9 produziert. Wir benutzen diesen Dezimalwürfel zuerst als richtigen Würfel für die Ziffern 1 bis 6. Wir testen, wie häufig die einzelnen Ziffern unter 100 Würfen auftreten. Dann produzieren wir eine Folge zweistelliger Zufallszahlen zwischen 00 und 99. Dabei üben wir uns weiterhin im Programmieren und lernen diesen oder jenen Trick.

Der Dezimalwürfel
Ein normaler Spielwürfel ist ein Sechserwürfel. Ein Dezimalwürfel liefert die zehn Zahlen 0 bis 9. Wie das Programm dafür aussieht, steht auf Seite 18. Unser Würfel-Unterprogramm hat einige Zusätze:

```
500: IF (Q> =0.4) GOTO 502
501: LET Q=Q+0.35
502: LET Q=Q*Q
503: LET R=INT (Q*100000)
504: LET S=INT (Q*10000)*10
505: LET N=R-S
506: RETURN
```

Das Unterprogramm beginnt mit der Befehlszahl 500. Man ruft es also mit GOSUB 500. Es geht stets zurück zu dem Befehl, der auf GOSUB folgt. Dies besorgt der Befehl
506: RETURN

Der elektronische Sechserwürfel
Hier steht ein ganz einfaches Programm, das zwanzigmal Zufallsziffern produziert, die zwischen 1 und 6 liegen. Unser Dezimalwürfel wird also in einen normalen Würfel umgewandelt. Wir machen dazu eine FOR-Schleife von 1 bis 20, die um den GOSUB-Befehl 500 herumführt. Zu jeder Zufallszahl wird 1 addiert, weil wir ja bei Null beginnen. Was größer als 6 ist, wird verworfen. Alles andere wird gedruckt: Das sieht so aus:

```
100: LET Q=0.314159265
110: FOR K=1 TO 20
120: GOSUB 500
130: LET N=N+1
140: IF (N>6) GOTO 120
150: PRINT N
160: NEXT K
170: END
```

Wenn Sie dieses kleine Programm auf einem BASIC-Rechner nachvollziehen, haben Sie gute Gelegenheit, zu testen, wie schnell dieses Ding ist.

Wie schnell ist mein Computer?
Wir wollten genau wissen, wie lang der kleine, rechts unten abgebildete BASIC-Taschenrechner braucht, um 20 Zufallszahlen zwischen 1 und 6 zu liefern. Das kleine Kerlchen hat einen Befehl, der BEEP heißt. Setzt man vor das Testprogramm den Befehl
99 BEEP 2
und hinter NEXT K den Befehl
165 BEEP 5
so kann man die Zeit stoppen. Denn der Rechner piepst zweimal, wenn er beginnt und fünfmal, wenn er fertig ist. Ohne die Zeit fürs Piepsen braucht er 85 Sekunden – einschließlich Ausdrucken. Das sind 4,25 Sekunden je Wurf. Gar nicht so schlecht für einen der kleinsten BASIC-Rechner!

Ein kleiner Datenbereich

Ein »Datenbereich« (oder »Vector«) ist ein Speicher für viele gleichartige Daten unter einem gemeinsamen Namen. Wenn wir testen wollen, ob unser Würfel korrekt arbeitet, müssen wir zählen, wie oft jede Ziffer bei hundert Würfen auftritt. Die Unterschiede sollten nicht zu groß sein.
Wir nehmen dazu den Datenbereich A mit den sechs Adressen A(1) bis A(6). In diesem Zusammenhang nennt man eine Adresse auch einen »Index«. Mit den Zahlen 1 bis 6 indizieren wir also unseren Datenbereich. Unten wird das ausführlich erklärt. Dann wird unter diesen Adressen gezählt, wie oft jede Zahl zwischen 1 und 6 auftritt – etwa so wie hier:

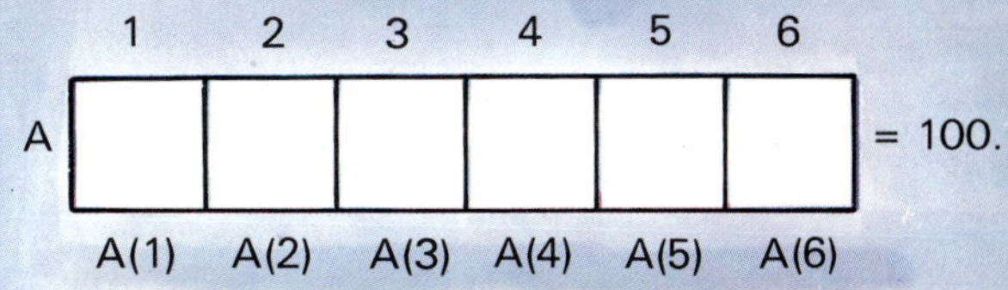

Der große Zufallstest

Wir testen also unseren Zufallsgenerator, wie gleichmäßig die Ziffern 1 bis 6 von ihm erzeugt werden. Dazu setzen wir zuerst einen Datenbereich A(1) bis A(6) auf Null, und zwar mit einer FOR-Schleife. In einer weiteren FOR-Schleife produzieren wir 100 Zufallsziffern zwischen 1 und 6 unter dem Namen M. Mit N indizieren wir unseren Datenbereich und zählen dort immer 1 dazu. Mit einer dritten FOR-Schleife drucken wir aus, wieviel für jede einzelne Ziffer gezählt wurde. Da wir hundert Versuche gemacht haben, sind diese Zahlen die Prozente für das Auftreten jeder Ziffer zwischen 1 und 6.

So sieht das Ergebnis aus

Wenige Minuten nach dem Befehl RUN 200 meldet sich unser BASIC-Taschenrechner und gibt – wie wir oben schon zeichnerisch dargestellt haben – folgende Statistik bekannt:

1.	7.%
2.	22.%
3.	11.%
4.	22.%
5.	17.%
6.	21.%

Nur mit größerem mathematischem Aufwand wird man feststellen können, ob die 1 mit ihren (etwas wenigen) 7% noch in Ordnung ist oder nicht. Man kann aber auch folgendes tun: Wenn wir anschließend mit RUN 210 das Q nicht zurücksetzen, läuft der Generator weiter. Er liefert nach wenigen Minuten eine neue Tabelle. Die sieht anders aus: Unter 1 stehen jetzt 18%. Wenn wir diese Tabelle zur alten Statistik addieren (dritte Spalte) und in der vierten den Mittelwert nehmen, ergibt sich:

1.	18.%	25	12.5%
2.	17.%	39	19.5%
3.	17.%	28	14.0%
4.	15.%	37	18.5%
5.	18.%	35	17.5%
6.	15.%	36	18.0%

Die Statistik ist akzeptabler geworden. Hier läßt sich weiterspielen.

Der Hunderter-Würfel

Hier ist ein kleines Programm, das nun zu lesen ist. Es stellt mit demselben Generator (GOSUB 500) zwei Zufallsziffern her, beide zwischen Null und Neun. Die eine wird mit 10 multipliziert und zur andern addiert. So ergeben sich Zahlen zwischen 00 und 99:

```
350: LET Q=0.314159625
360: FOR M=1 TO 100
370: GOSUB 500
380: K=N
390: GOSUB 500
400: K=10*N+K
410: PRINT M;"   ";K
420: NEXT M
430: END
```

BASIC eignet sich hervorragend zum Spielen und Experimentieren!

Tabellen im Programm

Daten kommen von außen und werden im Computer verarbeitet. Die Ergebnisse gehen wieder nach draußen. Es gibt aber auch Aufgaben, bei denen sich Daten lange nicht ändern; Daten, die man im Programm mitführt. Man nennt sie »Programmkonstanten«.
In BASIC kann man solche Daten als Tabellen im Programm mitführen. Und sie dürfen gemischt alphabetisch und numerisch sein. Für das Arbeiten mit starren Tabellen gibt es die Befehle DATA, READ und RESTORE.
Bei BASIC sind Tabellen mit einer oder zwei Reihen möglich, die man vollschreiben und lesen kann. Das sind die »Bereiche« (englisch: »arrays«). Sie kosten allerdings viel Speicher. Man reserviert diesen Speicher mit dem Befehl DIM und benennt damit auch die Bereiche. DIM ist die Abkürzung für das englische Wort »dimension«.
Heißt ein Bereich A und man will seine dritte Zahl, so schreibt man A(3). Holt man im Dialog Daten von außen, so schreibt man INPUT. Gezeigt wird mit PRINT.
Hat man Daten auf Kassetten und Disketten, so gibt man die Daten mit GET ein und holt sie mit PUT wieder heraus.

Ein einfaches Tabellenbeispiel
Jemand will eine Tabelle drucken, die für jeden Monat eine Zeile hat. Jede beginnt mit einer Abkürzung für den Monatsnamen. Dann kommt die Durchschnittstemperatur für den Monat vom letzten Jahr sowie ein Leerfeld, in das man eine gemessene Temperatur eintragen kann.
Der Befehl DATA hat jeweils eine Befehlsnummer und speichert die Festdaten.
Man kann auch mehrere Monate in ein DATA zusammenfassen

```
201: DATA JAN  , 3.4
202: DATA FEB  , 5.2
203: DATA MAR  , 9.7
204: DATA APR  , 11.3
205: DATA MAI  , 15.0
206: DATA JUN  , 17.8
207: DATA JUL  , 21.2
208: DATA AUG  , 24.8
209: DATA SEP  , 20.2
210: DATA OKT  , 13.9
211: DATA NOV  , 7.4
212: DATA DEZ  , 1.2
```

und so viel Daten hineinstecken, wie man in eine Zeile packen kann.
Das spart Platz und Zeilen.

Die Tabelle wird gedruckt
Sind in einem Programm mehrere DATA-Tabellen, so werden sie von BASIC in der Reihenfolge der Befehlsnummern zusammengefaßt und wie eine einzige Tabelle betrachtet. Jedes READ nimmt aus DATA so viele Daten heraus, wie es Datennamen hat. So schöpft man von READ zu READ den DATA-Vorrat aus. Man muß allerdings DATA so anlegen, daß auch so viele Daten da sind, wie angefordert werden. DATA und die dazugehörigen READ müssen also aufeinander abgestimmt sein.
So sieht das Drucken aus:

```
200: REM »DRUCKBEISPIEL FÜR DATA«
201: DATA JAN  , 3.4  , FEB  , 5.2  , MAR  , 9.7
202: DATA APR  , 11.3 , MAI  , 15   ,JUN   , 17.8
203: DATA JUL  , 21.2 , AUG  , 24.8 , SEP  , 20.2
204: DATA OKT  , 13.9 , NOV  , 7.4  , DEZ  , 1.2

210:  FOR N=1 TO 12

220:  READ MONAT$   , TEMP

230:  PRINT USING 231   , MONAT$   , TEMP

231:  "###      ##.#       +--------+"

240:  NEXT N

250:  END
```

So wird die Tabelle mit einem einzigen PRINT gedruckt, auch wenn das FOR zwölf Druckbefehle erzeugt. Die Zeichenfolge +--------+ dient zum Eintragen der jeweils gemessenen Temperatur.

Eine Anmerkung zum USING

Wir haben USING früher schon benutzt. Es gibt an, wie die einzelnen Daten ausgedruckt werden sollen. Allerdings steht dieses USING hier in einer Zeile für sich. Wir haben da nämlich den Aufbau einer Tabellenzeile angegeben und auch festgelegt, wie weit die Daten in der Zeile auseinanderstehen. BASIC liest die für USING bestimmte Zeile 231 so: Drucke drei Zeichen, wie sie kommen (in diesem Fall sind es Buchstaben), füge vier Zwischenräume ein. Drucke eine Zahl mit maximal zwei Stellen, einem Dezimalpunkt und einer Stelle danach. Füge drei Zwischenräume ein und drucke die Zeichenfolge +––––––––+. Mehr darüber steht im Handbuch.

Was ist RESTORE?

Schreibt man in einem Programm
290: RESTORE
so setzt dieser Befehl DATA auf den Anfang zurück. Da alle DATA zusammengefaßt sind, fängt der nächste READ-Befehl konsequenterweise wieder vorne an. Gibt man RESTORE eine Befehlsnummer, also etwa 290:
RESTORE 203
so setzt der nächste READ-Befehl bei Programmnummer 203 ein, in unserem Beispiel beim Juli.

Datenbereiche, Matrizen und Vektoren

Überall gibt es Bereiche von Zahlen, die von der selben Art sind – zum Beispiel die Zahlenlatte einer Rabattstaffel von 1 bis 10 Prozent. Man nennt das in der Mathematik einen Vektor.
Zwei Zahlenlatten entstehen, wenn der Rabatt davon abhängt, wieviel Stück man kauft. Dann steht in der ersten Reihe die Stückzahl, in der zweiten die Prozentzahl des Rabatts. Ähnlich ist es, wenn man für verschiedene Gehälter und für verschiedene Altersgruppen ablesen will, wieviel Beitrag der Versicherung zu zahlen ist. Ein solches Zahlengebilde nennt der Mathematiker eine Matrix. Zehn Gehaltsstufen und fünf Altersstufen ergeben eine Zahlenmatrix von 10 mal 5, also von 50 Zahlen.

Vektoren oder Zahlenlatten

Sie werden in BASIC durch einen Namen festgelegt, der allen dort aufgereihten Zahlen gemeinsam ist, sowie durch die Anzahl der Zahlen in der Latte. Wenn man in BASIC einen solchen Vektor festlegen will, schreibt man
325: DIM RABATT (25)
BASIC reserviert dann für das Programm einen Speicher für 25 Zahlen unter dem Namen RABATT. Schreibt man
240: DIM BEZ$ (125)
so definiert man einen Speicherbereich für 125 alphabetische Felder, etwa Artikelbezeichnungen, unter dem Namen BEZ.

Als Beispiel: Ein Wochenprogramm

```
100: REM »DATA UND DIM UEBUNGS-
     PROGRAMM«
110: PRINT »TAGɓɓɓɓɓPLANɓɓɓɓɓ
     ɓɓISTɓɓɓPROZ«
120: DIM AUSGABEN (2,7)
130: FOR K=1 TO 7
140: INPUT AUSGABEN (2,K)
150: READ TAG$, WERT
160: DATA MO   , 100   , DI   , 80   ,
     MI   , 75   , DO   , 90
170: DATA FR   , 110   , SA   , 120   ,
     SO   , 110
180: LET AUSGABEN (1,K)=WERT
190: PRINT USING 195 TAG$; WERT;
     AUSGABEN(1,K);
     (AUSGABEN(2,K) – WERT)/
     WERT×100
195: "##ɓɓɓ####.##ɓɓɓ##
     ##    .##ɓɓɓ   #.#"
200: NEXT K
210: END
```

Die Versicherungs-Matrize

Als Beispiel für eine Matrix hatten wir eine Tabelle, in der von oben nach unten das Gehalt, von links nach rechts die Altersgruppe eingetragen ist, um den zugehörigen Versicherungsbeitrag festzuhalten. Man schreibt zur Definition dieser Tabelle
DIM BEITRAG (5,10)
5 steht für Alter, 10 für Gehalt. Mit
BEITRAG (2,8)
bekommt man den Versicherungsbeitrag in der Altersgruppe 2 mit der Gehaltsgruppe 8.

Die Erklärung

Links steht ein Programm mit DIM, DATA und einmal USING, rechts der Kommentar dazu. Es geht um den Geldbeutel. In einer DATA-Kette ist erstens eine Abkürzung für jeden Wochentag, zweitens für jeden Wochentag ein Betrag gespeichert, den man ausgeben will – als Plan gewissermaßen. Über INPUT werden in die eine Reihe der Matrix mit dem Namen AUSGABEN sieben Beträge eingegeben. Das Programm arbeitet Tag um Tag in einer FOR-Schleife ab. Dann wird gedruckt: Tagesname, Planwert und ausgegebener Betrag. Dann wird in der Ausgabezeile errechnet, wieviel Prozent vom Plan ausgegeben wurden.

Der Kommentar

100 Die Überschrift
110 Die Textzeile über der Tabelle muß haargenau zum USING in Zeile 195 passen. ɓ verdeutlicht den Zwischenraum, ist aber kein wirkliches Zeichen.
120 Die AUSGABEN-Matrix.
130 Die FOR-Schleife für jeden Wochentag.
160 Der erste Teil der Programmkonstanten.
170 Der zweite Teil der Programmkonstanten.
180 Planwert aus DATA für die erste Spalte der AUSGABEN-Matrix.
190 Es wird gedruckt.
200 Zurück zum FOR mit dem nächsten K-Wert. Oder Ende der Schleife, wenn K größer als 8 wird.

Malen mit Punkten und Zeichen

Bildschirm und Drucker beim Heimcomputer arbeiten mit winzigen Licht- oder Druckpünktchen. Deshalb ist es ihnen ganz gleich, was sie zeigen: Buchstaben, Zahlen, Zeichen oder Zeichnung. Grundsätzlich sind sie auf die Programmiersprache angewiesen. Sie können also in unserem Fall nur abbilden, was in BASIC verfügbar ist. Einige der Zeichen von BASIC eigenen sich, bescheidene Bildchen zu malen oder wenigstens Kästchen darzustellen – als Einrahmung zu dem, was man druckt. So kann man auch Formulare machen. Man braucht eben etwas grafische Phantasie.
Manche Heimcomputer verfügen über spezielle grafische Zeichen, die man in BASIC einbringen kann: Querstriche, Kästchen, Halbfelder und kleine geometrische Figuren, die sich zu Bildern zusammenbauen lassen.
Die größeren Mikros und PC haben in ihrem BASIC einige Befehle, mit denen man an jedes Pünktchen auf dem Bildschirm und auf dem Papier des Druckers herankommt – und dies beim Schirm auch noch in Farbe. Damit kann man die erstaunlichsten Bilder produzieren und auch technische Zeichnungen herstellen.

Zeichen zum Zeichnen
Selbst im Standard-Satz von BASIC gibt es einige Zeichen, mit denen man bescheiden zeichnen kann. Hier sind Beispiele, wie man sie anwenden kann:

I	Vertikales Randzeichen
–	Horizontales Linienelement
+	Ecksymbol bei Kästchen
:	Vertikalränder
=	Doppelstrich längs
>	Pfeilende rechts
<	Pfeilende links
*	Quer- und Längslinien

Mit Phantasie kann man vieles machen – auch hier. Es gibt wahre Künstler auf diesem Gebiet.

Die Visitenkarte
Wenn man mit Hilfe von Drucker oder Bildschirm Bilder aus BASIC-Zeichen machen will, braucht man zunächst einen Entwurf. Die Zeichen müssen ja zusammenpassen.
Man nimmt kariertes Papier und umrandet das Druckfeld, das verfügbar ist oder das man nutzen will. Unsere Visitenkarte haben wir versuchsweise mit einem Taschen-Kleinst-Heimcomputer gedruckt. Der hat quer herüber 16 verfügbare Druckstellen. Unser Bild unten zeigt, wie der Druckentwurf aussieht.

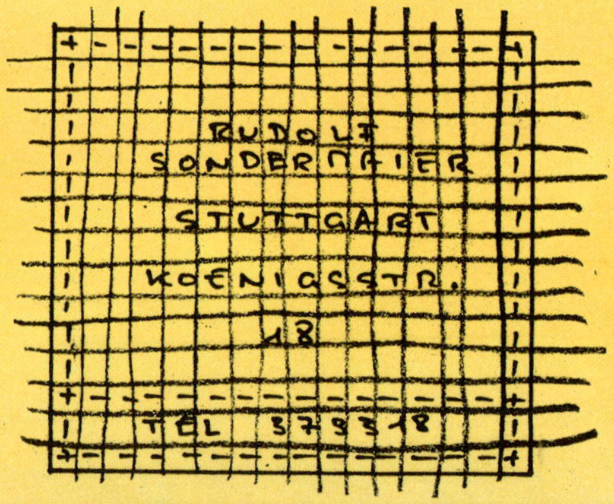

Das Visitenkarten-Programm

Eigentlich brauchen wir für jede Zeile ein PRINT, wenn es nachher ans Drucken geht. Wer viel tippen will, setzt vor und hinter jede Zeile ein Gänsefüßchen (") und vor jede Zeile eine Zeilennummer sowie das Wort PRINT. Das gibt 15 PRINT-Befehle und ein END.
Es geht aber auch mit zwei Unterprogrammen, jedes mit einem PRINT und einem RETURN.

Ohne Unterprogramm

```
100 PRINT "+-----------------+"
110 PRINT "I                 I"
120 PRINT "I                 I"
130 PRINT "I     RUDOLF      I"
140 PRINT "I   SONDERMAIER   I"
150 PRINT "I                 I"
160 PRINT "I    STUTTGART    I"
170 PRINT "I                 I"
180 PRINT "I   KOENIGSSTR.   I"
190 PRINT "I                 I"
200 PRINT "I       18        I"
210 PRINT "I                 I"
220 PRINT "+-----------------+"
230 PRINT "I  TEL 379318     I"
240 PRINT "+-----------------+"
250 END
```

Mit Unterprogramm

```
100 GOSUB 300
110 GOSUB 320
120 GOSUB 320
130 PRINT "I  RUDOLF   I"
140 PRINT "I SONDERMAIER I"
150 GOSUB 320
160 PRINT "I  STUTTGART  I"
170 GOSUB 320
180 PRINT "I KOENIGSSTR. I"
190 GOSUB 320
200 PRINT "I      18      I"
210 GOSUB 320
220 GOSUB 300
230 PRINT "I  TEL 379318  I"
240 GOSUB 300
250 END
300 PRINT "+-----------+"
310 RETURN
320 PRINT "I            I"
330 RETURN
340 END
```

```
+-----------------+
I                 I
I                 I
I     RUDOLF      I
I   SONDERMEIER   I
I                 I
I    STUTTGART    I
I                 I
I   KOENIGSSTR.   I
I                 I
I       18        I
I                 I
+-----------------+
I  TEL 379318     I
+-----------------+
```

Grafische Spezialzeichen

Mancher Heimcomputer hat grafische Spezialzeichen, die man über BASIC auf den Drucker geben kann. Meist muß man allerdings die Tastatur umschalten, damit der Computer weiß, welche Version gilt. Wer so arbeiten will, kommt ohne ein Studium des Handbuchs nicht aus.

Der Bildschirm und seine Punkte

Ein Bildschirm kann beispielsweise 25 Zeilen mit je 80 Zeichen haben. Das sind 2000 Zeichen. Soviel faßt eine DIN A4-Seite im Querformat. Die Zeichen bestehen aus einzelnen Punkten. So betrachtet, hat unser Bildschirm 200 Zeilen, und jede Zeile hat 320 Punkte. Insgesamt wären das 64 000 Bildpunkte, die man leuchten lassen kann oder nicht. Es gibt auch Bildschirme, die auf der selben Oberfläche 128 000 Punkte haben, 200 Zeilen mit 640 Bildpunkten je Zeile. Diese Schirme zeichnen feiner. Für grafische Anwendungen hat man Zugang zu jedem einzelnen Punkt.

Auch der Drucker hat Punkte

Ein Nadeldrucker hat für ein Zeichen 7 mal 7 Nadeln, die etwa den Punkten auf dem Bildschirm entsprechen. Jede Nadel erzeugt einen feinen Punkt. Ein Zeichen entsteht, wenn die Nadeln angeschlagen werden, die zu diesem Zeichen gehören.

So kommt man an die Punkte

Einen Punkt auf dem Bildschirm erfaßt man über BASIC durch seine Koordinaten. Seine Position in der Zeile bezeichnet man mit x, die Zeilenzahl mit y. Der Punkt in der Mitte hat die Koordinaten M(159,99).

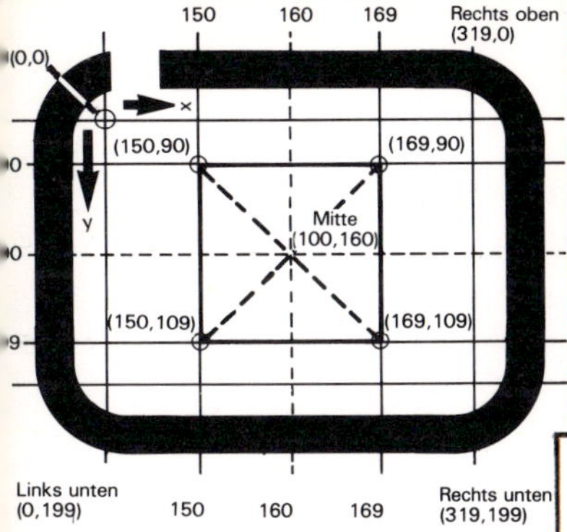

Wir zeichnen ein Quadrat

Links sehen Sie eine Skizze, um ein Quadrat mit seinen Diagonalen zu zeichnen. Man kann aus dem Bild die Koordinatenwerte eines jeden Punktes ablesen. Wir zeichnen von links nach rechts und von oben nach unten, gehen also vom Punkt LO(150,90) zum Punkt RO(169,90) und ebenso vom Punkt LU(150,109) zum Punkt RU(169,109). Die Diagonalen gehen von LO nach RU und von LU nach RO. Hier ist das Programm mit seinen FOR-Schleifen:

```
100: CLS
110: FOR N=150 TO 169
120: POINT(N,90)      Von (150,90) nach
                      (169,90)
130: POINT (N,109)    Von (150,109) nach
                      (169,109)
140: NEXT N
150: FOR N=90 TO 109
160: POINT (150,N)    Von (150,90) nach
                      (150,109)
170: POINT (169,N)    Von (169,90) nach
                      (169,109)
180: NEXT N
200: FOR N=0 TO 20
210: LET K=150+N
220: LET L=90+N
230: LET M=109–N
240: POINT (K,L)      Von (150,90) nach
                      (169,109)
250: POINT (K,M)      Von (150,109) nach
                      (169,90)
260: NEXT N
270: END
```

Punkte in BASIC

Im Umgang mit Punkten hat jeder BASIC-Dialekt seine eigene Art. Hier ist ein Kunstbefehl, der Punkte ein- und ausschaltet. Er hat folgende Gestalt:
300: POINT (x,y);F
Ist F=0, so wird der Punkt mit den Koordinaten x und y ausgeschaltet. Fehlt F oder hat es den Wert 1, so wird eingeschaltet. Man gibt die Koordinaten x und y ein und dann den POINT-Befehl.

Der bunte Schirm

Jeder Schirm hat zwei Grundfarben: Hintergrund und Vordergrund. Nur die Vordergrundfarbe leuchtet. F=0 bedeutet Hintergrund, F=1 oder kein F Vordergrund. Weitere Werte für F gibt es, wenn der Schirm noch andere Farben möglich macht. Dann gibt es auch Befehle, mit denen man den ganzen Bildschirm oder bestimmte Bereiche beliebig bunt einfärben kann. Hier hilft nur ein Studium des Handbuchs.

Die große Zufallswanderung

Hier finden Sie ein Beispiel dafür, wie sich der Zufall im Computer mit der Grafik auf dem Bildschirm verknüpft. Es handelt sich um die Zufallswanderung. Wir haben da einen Wanderer. Immer wenn der einen Schritt getan hat, ist ganz offen, wohin der nächste Schritt geht. Es gibt acht Möglichkeiten in acht Himmelsrichtungen. Wanderführer ist der Zufallsgenerator, der jeweils eine Ziffer zwischen 0 und 7 abgibt. Diese Irrwanderung nennt man in der Physik die »Brownsche Molekularbewegung«, weil sich Moleküle ähnlich verhalten. Auch Menschen, die ein Gläschen zuviel getrunken haben, bewegen sich zuweilen so.
Im Programm wird reichhaltig verzweigt. Auch sonst machen wir Gebrauch von vielem, was wir auf den vorangegangenen Seiten gelernt haben. Wer professionell an die Sache herangehen will, versucht zuerst, das Programm zu lesen und zu verstehen. Das ist wie ein Puzzle. Man lernt aber sehr viel dabei. Im übrigen helfen die Kommentare, die auf diesen Seiten abgedruckt sind.

Zufall im Computer

Wie man den Zufall im Computer walten läßt, haben wir auf Seite 21 kennengelernt. Man multipliziert eine Ausgangszahl Q immer wieder mit sich selbst. Bei jeder Multiplikation mischen sich die Ziffern in der Mitte des Produktes dieser Zahl so zufällig wie bei einem Würfel. Das nützt man aus.
Das Programm dazu steht rechts. Man versteht es besser, wenn man so tut, als wäre man selbst der Computer, und jeden Befehl selbst nachrechnet.
Ein Zufallsgenerator startet stets bei derselben Zahl Q und produziert dann immer dieselbe Folge von Zufall. (Das wäre also eine Art von vorhersehbarem Zufall.) Deshalb gibt man bei unserem Programm am Anfang spontan irgendeine Zahl ein, die man aus der Luft greift. Dann erhält man eine andere Zufallsreihe als beim letztenmal.

Das Zufalls-Unterprogramm

Hier ist noch einmal unser Unterprogramm für den Computer-Würfel. Es liefert eine der zehn Ziffern zwischen 0 und 9. Man ruft es auf mit
GOSUB 800
In N ist dann eine Zufallsziffer verfügbar. Will man, wie in unserem Programm, nur die acht Ereignisse 0 bis 7, so braucht man ein IF, das auf die Ziffern 8 und 9 verzichtet. Hier ist GOSUB 800:

```
800: IF (Q > =0.4) GOTO
     802
801: LET Q=Q+0.35
802: LET Q=Q*Q
803: LET
     R=INT(Q*100000,
804: LET
     S=INT(Q*10000)*10
805: LET N=R-S
806: IF N > 7 GOTO 800
807: RETURN
```

Der Zufallsspaziergang

Unser Wanderer geht mit großen Schritten über den Schirm, also jeweils über mehrere Bildschirmpunkte. Ist er an einem bestimmten Punkt mit den Koordinaten x und y angekommen, so würfelt das Programm eine der acht Ziffern zwischen 0 und 7. Der Wanderer hat acht Möglichkeiten. Kommt 0, so geht er um fünf Bildpunkt senkrecht nach oben. Die 2 als Zufallszahl führt um fünf Bildschirmpunkte nach rechts. Die 1 führt diagonal nach rechts oben – und so weiter. Das Bild rechts zeigt es.
Unser Programm soll auf dem Schirm den Weg als Linie zeichnen, also alle Punkte leuchten lassen, die auf diesem Weg liegen. Wir machen das jeweils mit einer FOR-Schleife mit fünf Durchläufen (FOR K=1 TO 5). Erst dies ergibt dann den neuen Punkt (x,y), ab dem wir wieder würfeln.

Die Kommentare zum Programm

A(100–120)	Der Zufallsgenerator wird eingestellt.
B(130–140)	Die Wanderung beginnt in der Mitte des Schirms beim Punkt x=160, y=100.
C(160–180)	Wenn die Wanderung irgendwo den Rand des Schirms erreicht, wird gestoppt. Das Programm ist dann zu Ende.
D(190)	Es geht in das Unterprogramm zum Würfeln.
E(200–290)	Für jede Zufallszahl zwischen N=0 und N=7 werden die Koordinaten des anzupeilenden Punktes errechnet.
F(0) (300–330)	Die Verbindungslinie vom alten zum neuen Punkt wird gezeichnet. Zu jeder Zufallszahl N gibt es ein kleines Zeichenprogramm.
(F(1)–F(7) (350–680)	Die kleinen Programme für jeden einzelnen Schritt.
G(700–720)	Die errechneten Koordinaten werden zu neuen Ausgangskoordinaten für den nächsten Würfeldurchgang.
I(750–760)	Das Programm endet mit einem Kommentar.
K(800–807)	Hier werden die Zufallszahlen produziert – in einem Unterprogramm, das von 190 aus mit GOSUB 800 angegangen wird.

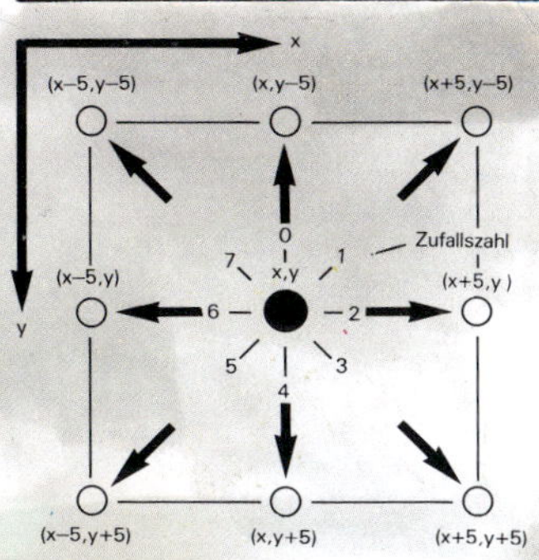

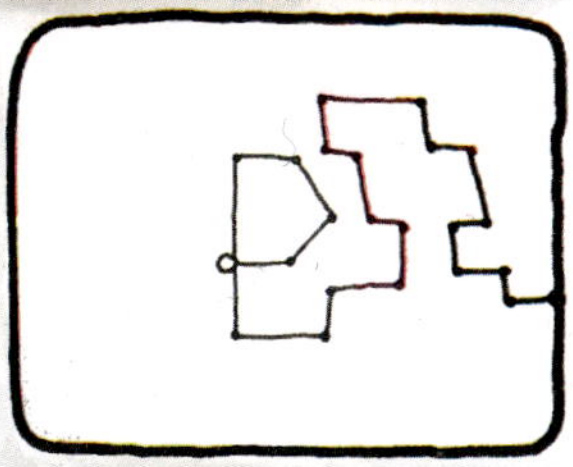

Das Programm

```
100 PRINT »GEBEN SIE EINE ZAHL ZWISCHEN 0 UND
    0.3 EIN«
110 Q=0.3141592654
115 INPUT R
120 LET Q=Q+R
130 LET X=160
140 LET Y=100
150 IF X > 315 GOTO 750
160 IF X < 5    GOTO 750
170 IF Y > 195 GOTO 750
180 IF Y < 5    GOTO 750
190 GOSUB 800
200 IF N=0 THEN LET X1=X, Y1=Y–5, GOTO 300
210 IF N=1 THEN LET X1=X+5, Y1=Y–5, GOTO 350
220 IF N=2 THEN LET X1=X+5, Y1=Y, GOTO 400
230 IF N=3 THEN LET X1=X+5, Y1=Y+5, GOTO 450
240 IF N=4 THEN LET X1=X, Y1=Y+5, GOTO 500
250 IF N=5 THEN LET X1=X–5, Y1=Y+5, GOTO 550
260 IF N=6 THEN LET X1=X–5, Y1=Y, GOTO 600
270 LET X1=X–5
280 LET Y1=Y–5
290 GOTO 650
300 FOR K=1 TO 5
310 POINT (X,Y–K)
320 NEXT K
330 GOTO 700
350 FOR K=1 TO 5
360 POINT (X+K, Y–K)
370 NEXT K
380 GOTO 700
400 FOR K=1 TO 5
410 POINT (X+K,Y)
420 NEXT K
430 GOTO 700
450 FOR K=1 TO 5
460 POINT (X+K, Y+K)
470 NEXT K
480 GOTO 700
500 FOR K=1 TO 5
510 POINT (X,Y+K)
520 NEXT K
530 GOTO 700
550 FOR K=1 TO 5
560 POINT (X–K, Y+K)
570 NEXT K
580 GOTO 700
600 FOR K=1 TO 5
610 POINT (X–K,Y)
620 NEXT K
630 GOTO 700
650 FOR K=1 TO 5
660 POINT (X–K,Y–K)
670 NEXT K
680 GOTO 700
700 X=X1
710 Y=Y1
720 GOTO 150
750 PRINT »DIE WANDERUNG IST ZU ENDE«
760 END
800 IF (Q>=.4) GOTO 802
801 LET Q=Q+.35
802 LET Q=Q*Q
803 LET R=INT(Q*100000)
804 LET S=INT(Q*10000)*10
805 LET N=R–S
806 IF N>7 GOTO 800
807 RETURN
```

Eine abschließende Bemerkung

Wir haben mit Absicht wenig zu unserem Zufallsspaziergang gesagt, um Ihnen, lieber Leser, Gelegenheit zu geben, sich selbst mit den Einzelheiten zu befassen. Wenn Sie einen eigenen BASIC-Computer haben, ist es am besten, wenn Sie das Programm auf Ihrem Rechner nachvollziehen.
Ganz nützlich kann es auch sein, das Programm in ein Flußdiagramm umzusetzen, wie wir das auf Seite 15 kennengelernt haben.
Wenn Sie im übrigen der Meinung sind, daß dieses Zufalls-Problem eigentlich völlig unzureichend programmiert sei, dann sind Sie genau dort, wo wir Sie als Leser gerne hätten. Dort nämlich, wo Sie selbst beginnen, ein Programm zu gestalten.

Was macht man, wenn es viele Daten sind?

Der Befehl INPUT liefert dem Programm Einzeldaten. PRINT druckt sie aus oder zeigt sie auf dem Bildschirm. DATA versorgt ein Programm mit festen Programmkonstanten. Mit READ gibt man sie ins aktuelle Programmgeschehen ein. Mit DIM definiert man Tabellen, die man füllen und lesen kann.
Für den Aufbau, das Ein- und Ausgeben großer Datenbestände hat BASIC den Eingabebefehl GET und den Ausgabebefehl PUT. Sie gelten, mit entsprechenden Variationen, für Kassetten und Disketten, die solche großen Datenbestände aufnehmen können. Wir lernen auf diesen Seiten, wie man mit derartigen Beständen umgeht. Man muß allerdings mit beträchtlichen Unterschieden zwischen verschiedenen BASIC-Computern und ihren Dialekten rechnen. Auch bieten größere Rechner hier mehr als kleinere, die oft nur mit Mühe einen Kassettenrekorder verkraften.

Was ist ein Datensatz?
In der Umgangssprache besteht ein Satz aus Satzgegenstand und Satzaussage. Im Computer hat ein gespeicherter Datensatz mehrere »Datenfelder«. Satzgegenstand ist der »Schlüssel«, der ein Objekt beschreibt. Angehängt sind »Wertefelder«, die über das Objekt etwas aussagen – also die Satzaussagen. Ein Datensatz im Computer besteht immer aus mehreren Datenfeldern. Einige sind Schlüssel, die andern sind Werte.

Kalenderdaten
Wenn wir einen Datensatz für jeden Tag zusammenstellen, erzeugen wir den Datenbestand »Kalender«. Der Schlüssel für diesen Satz ist das Tagesdatum in der Reihenfolge Jahr, Monat und Tag. Der 16. März 1984 heißt 840316. (Durch diese Darstellung hat der letzte Tag im Jahr immer die höchste Nummer, den höchsten »Schlüsselwert«. Der Bestand ist, wie man sagt, »aufsteigend sortiert«. Zusätzlich speichern wir MONAT und TAG als Nummer sowie den Wochentag im Klartext. In einem weiteren Feld mit 15 Zeichen schaffen wir Platz für ein allgemeines Kalenderereignis wie OSTERSONNTAG. Das Feld heißt EREIGNIS. Dann kommen fünf Felder TERMIN1 bis TERMIN5, in die man individuelle Ereignisse eintragen kann. Zunächst stehen in diesen Feldern nur Zwischenräume. Im Laufe des Jahres kann man eintragen und löschen, was man will.
In einem Abfrageprogramm drucken wir auf Tageszetteln aus, was gespeichert ist, und fragen nach Eintragungen.

Der Datensatz KALENDER
Man kann einen Datensatz etwa so darstellen, wie hier:

↓	↓															
6	DATUM	8	4	0	4	2	2									
2	MONAT	0	4													
2	TAG	2	2													
10	TAGNAME $	S	O	N	N	T	A	G								
15	EREIGNIS $	O	S	T	E	R	S	O	N	N	T	A	G			
15	TERMIN 1 $	9	.	0	0		0	M	A		H	O	L	E	N	
15	TERMIN 2 $	1	3	.	0	0		E	S	S	E	N				
15	TERMIN 3 $	1	7	.	0	0		K	O	N	Z	E	R	T		
15	TERMIN 4 $															
15	TERMIN 5 $															
■	FELDNAME	← DATENSATZ →														

Man zeichnet ein Schema, in das man die Namen für die einzelnen Felder einträgt. Außerdem gibt man an, wie lang die Felder maximal sein können. Der Satz, der gespeichert wird, ist so lang wie alle Felder zusammen. In unserem Falle beträgt die Satzlänge 110 Zeichen. Damit hat der Bestand im Schaltjahr 1984 genau 366∗110 Zeichen – immerhin 40 260. Das paßt auf jede Diskette.
Die Feldnamen werden übrigens nicht mitgespeichert – nur die Feldinhalte. Der Schlüssel steht meist vorne. Er dient dazu, einzelne Sätze zu finden.

PUT oder Schreiben

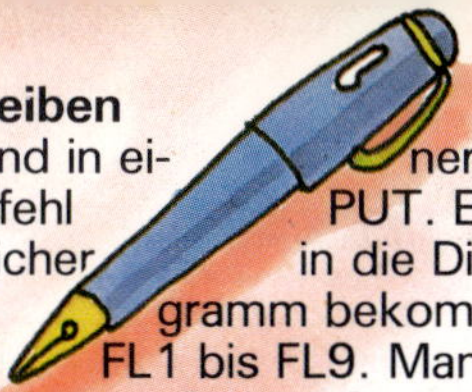

Um einen Bestand in einer Diskette oder Kassette festzuhalten, hat man den Befehl PUT. Er schreibt einen kompletten Satz aus dem Zentralspeicher in die Diskette oder Kassette.
Für das Programm bekommt jeder Bestand eine der Nummern FL1 bis FL9. Man kann also maximal neun Bestände gleichzeitig verarbeiten. So viel Geräte zum Speichern hat kaum ein Mikro. Man schreibt

```
250:    PUT FL3, FELD1, FELD2, FELD3 . . .
```

Nach Befehlsnummer und PUT kommen also die Bestandsnummer und dann die Felder des Satzes in der richtigen Reihenfolge. Die Felder müssen definierte Daten enthalten. Zahlen- und Buchstabenfelder dürfen gemischt auftreten.

RESET oder Zurücksetzen

In unserem Programmbeispiel steht unter der Nummer 200 der Befehl

```
200: RESET FL1
```

Das Programm hat im ersten Durchlauf für jeden Tag einen Datensatz angelegt, aber ohne Namen für die einzelnen Wochentage. Dies erfolgt ab Befehl 200. RESET ersetzt ein eigentlich nötiges neues OPEN. Es besorgt bei manchen Computern auch das Zurückspulen der Kassetten.

GET oder Lesen

Einen vorhandenen Bestand, der irgendwann einmal mit PUT in eine Diskette oder Kassette geschrieben wurde, »liest« der Zentralspeicher dort ab, Satz um Satz, mit dem Befehl GET. Jeder Bestand hat im Programm eine Nummer zwischen FL1 und FL9, an die man gebunden ist. Man schreibt:

```
210: GET FL3, FELD1, FELD2, FELD3 . . .
```

Nach der Befehlsnummer und dem Befehlsnamen GET kommt die Bestandsnummer und dann kommen die Feldnamen. Man kann Probleme bekommen, wenn man einen eben gelesenen Satz an seine alte Stelle zurückschreiben will – besonders bei einfachen Geräten und bei Kassetten. Hier empfiehlt es sich, von der einen Kassette zu lesen und auf eine andere, unbeschriebene Kassette zu schreiben.

Das Programm für unseren Kalender steht auf der nächsten Seite.

Das Lesen und Schreiben von Beständen

Seien Sie nicht traurig, wenn bei Ihrem BASIC alles ein bißchen anders ist, als es hier beschrieben wurde. Es kommt von den verschiedenen BASIC-Dialekten. Das Arbeiten mit Beständen ist kein Anfängerproblem mehr, so einfach es in BASIC gehalten ist. Wir zeigen hier nur das prinzipielle Verfahren – und zwar an einem Bestand, den man Satz um Satz schreibt und auch Satz um Satz liest. Solche Bestände nennt man »fortlaufend« oder »sequentiell«.

OPEN oder Eröffnen

Jeden Bestand, den man lesen oder schreiben will, muß man vorher eröffnen. Das macht der Befehl OPEN, der vor dem ersten Lese- oder Schreibbefehl kommt. Nach OPEN muß die Bestandsnummer (zwischen FL1 und FL9) stehen, dann eine Gerätenummer (die im Handbuch steht), ferner der Name für den Bestand und schließlich IN oder OUT. IN (»herein«), wenn geschrieben wird, OUT (»hinaus«), wenn man liest.

CLOSE oder Abschließen

Bevor man ein Programm beendet, muß man bei manchen Systemen den Befehl CLOSE geben. Damit wird der Bestand technisch ordnungsgemäß abgeschlossen. Wer dies nicht tut, der riskiert, daß er beim nächsten Arbeiten mit dem Datenträger Probleme bekommt. Unser Programm hat den Befehl

```
340: CLOSE FL1
```

Die Bestandsnummer genügt. In allen diesen Fällen: Handbuch lesen!

Was ist ein Schlüssel?

Für unseren Datenbestand KALENDER ist das Datum der Schlüssel für den Zugriff. Über die Schlüssel kommen Datensätze aus verschiedenen Beständen zusammen. Oft benutzt man denselben Schlüssel in mehreren Datenbankbeständen. Im Sparbuch steht die Kundennummer. Sie steht auch im Girokonto. Damit weiß man, welches Sparbuch zu welchem Girokonto gehört.

WRITE und andere Namen

Manche Computer kommen in ihrem BASIC für Disketten und Kassetten mit PUT und GET aus. Es gibt aber auch Dialekte, bei denen man mit PUT und GET nur Kassetten bearbeitet. Disketten haben dann eigene Befehlsnamen – beispielsweise WRITE und INPUT. Das steht im Handbuch. Lassen Sie sich nicht verwirren, auch wenn die Verhältnisse manchmal kompliziert scheinen! Eigentlich sind sie es gar nicht. Man muß nur ein bißchen üben, Erfahrung sammeln und das Handbuch lesen. Immer mehr wird es auch Mode, daß sich Computerfreunde zusammentun, um ihr Schicksal gemeinsam zu tragen. Im BASIC-Club gibt es Bestandsspezialisten.

Ganz wichtig:

Immer wieder das Handbuch studieren!

Immer noch: der Kalender

Unten steht – zwischen den Befehlen 010 und 350 – ein BASIC-Programm, das wir Ihrer besonderen Lektüre empfehlen. Es trifft bis 065 Vorbereitungen, um für jeden Tag einen sauberen Datensatz bauen zu können. Zwischen 070 und 076 werden aus zwei DATA-Anweisungen die Wochentagsnamen in eine Tabelle geschafft. Das brauchen wir später. Dann geht es durch die zwölf Monate im Jahr, nachdem zuvor der Bestand mit der Nummer FL1 eröffnet wurde. Für jeden Monat wird die Tageszahl (TZ) aus weiteren DATA-Eintragungen bezogen; für jeden Monat wird auch eine FOR-Schleife angeworfen. In 150 wird der Schlüssel fabriziert, in dem das Jahr 84, MONAT und TAG zu einer Schlüsselnummer zusammengebaut werden. Das geht mit einem einfachen Additionstrick. Dann wird der SATZ mit PUT geschrieben. Insgesamt muß es 366 Sätze zu je 110 Zeichen geben. In 200 wird zurückgesetzt (RESET). Der 1. Januar ist ein Sonntag. Dieser Name wird eingegeben. Dann kommen 52 FOR-Schleifen mit je sieben Durchläufen, in denen die Tagesnamen eingesetzt werden.

Das Kalenderprogramm

```
010   REM »EROEFFNEN KALENDERBESTAND«
020   DIM WOCHE(7)
030   LET LEER$=»ƀƀƀƀƀƀƀƀƀƀƀƀƀƀƀƀ«
040   LET TAGNAME$=»ƀƀƀƀƀƀƀƀƀƀƀ«
050   LET EREIGNIS$=LEER$
061   LET TERMIN1$=LEER$
062   LET TERMIN2$=LEER$
063   LET TERMIN3$=LEER$
064   LET TERMIN4$=LEER$
065   LET TERMIN5$=LEER$
070   REM »TABELLE DER WOCHENTAGSNAMEN
      AUS DATA«
071   FOR N=1 TO 7
072   READ W$
073   LET WOCHE$(N)=W$
074   NEXT N
075   DATA MONTAG,DIENSTAG,MITT-
      WOCH,DONNERSTAG,FREITAG,
076   DATA SAMSTAG, SONNTAG
099   REM »DATENSAETZE WERDEN GESCHRIE-
      BEN«
100   OPEN FL1, »E80«, KALENDER, OUT
110   FOR MONAT = 1 TO 12
120   READ TZ
130   DATA
      31,29,31,30,31,30,31,31,30,31,30,31
140   FOR TAG = 1 TO TZ
150   LET DATUM =
      840000+TAG+(MONAT*100)
160   PUT FL1, DATUM, MONAT,
      TAG, TAGNAME$, EREIG-
      NIS$, TERMIN1$, TERMIN2$,
```

Die Fortsetzung des Programms steht auf Seite 31 rechts unten.

Wir drucken ein Kalenderblatt

Das Programm rechts druckt ein Kalenderblatt. Zuerst fordert es bis Zeile 030 ein Datum an, nach dem gesucht werden soll. Das Suchprogramm ist in eine FOR-Schleife mit 366 Umläufen eingebaut – falls das gewünschte Datum bis zum Schluß nicht auftaucht, etwa wegen eines Eingabefehlers. Der Befehl 060 liest jedesmal, wenn er aufgerufen wird, einen Datensatz. Stimmen Suchdatum und Satzdatum überein, dann hatten wir Erfolg. Es geht nach 200 zum Drucken. Ab Befehl 100 beginnt der Programmteil, der uns mitteilt, daß zum angebotenen Datum kein Satz gehört. Wir setzen den Bestand zurück und fragen, ob noch ein weiteres Datum, etwa ein korrigiertes, angeboten wird. Wenn nicht, endet das Programm mit einem CLOSE und einem END. Der Erfolgsfall beginnt bei 200. Der Satzinhalt wird ausgedruckt und das Programm endet mit CLOSE/END.

Das Druckprogramm

```
010   REM »DRUCKEN EINES
      KALENDERBLATTES«
020   OPEN FL1, »E80«, KALEN-
      DER, IN
030   PRINT »BITTE DATUM
      EINGEBEN: J-M-T«
040   INPUT SUCH
050   FOR N=1 TO 366
060   GET FL1,DATUM,MONAT,
      TAG,TAGNAME$,EREIGNIS$,
      TERMIN1$, TERMIN2$,TER-
      MIN3$,TERMIN4$,TERMIN5$
070   IF SUCH=DATUM GOTO 200
080   IF SUCH > DATUM GOTO
      100
090   NEXT N
100   PRINT »DATUMƀ«;SUCH;»ƀ
      UNBEKANNT«
110   RESET F1
120   PRINT »NOCH EIN VERSUCH?«
130   INPUT ANTW$
140   IF ANTW$=»JA« GOTO 030
150   CLOSE FL1
160   END
200   PRINT »COMPUTER
      KALENDER SERVICE«
210   PRINT USING 220, TAGES-
      NAME$, TAG, MONAT
220   :# # # # # # # # # # ƀ
      ƀƀ # # .ƀƀ # # .ƀƀ1984
230   PRINT EREIGNIS
240   PRINT TERMIN1$
250   PRINT TERMIN2$
260   PRINT TERMIN3$
270   PRINT TERMIN4$
280   PRINT TERMIN5$
280   CLOSE FL1
290   END
```

Wohin mit dem Programm?

Ist ein Programm fertig ausgetestet und weiß man auch sonst, daß es korrekt läuft – was dann? Es versperrt Speicherplatz für andere Programme. Wenn man das nicht will, speichert man das fertige Programm auf Kassette oder Diskette – wie einen größeren Datensatz. Fast alle Computer sind dazu in der Lage. BASIC hat spezielle Kommandos dafür: SAVE und LOAD.
Hat man viele Programme und einen ordentlichen Rechner, so kann man sich eine schöne Programmbibliothek aufbauen, aus der man bezieht, was man gerade braucht. Auch kann man Programme von anderen Leuten übernehmen.
Wichtig ist ferner, daß wir – wie die Profis – eine Dokumentation für jedes Programm anlegen, in der alles steht, was wichtig ist, um das Programm später benutzen und gegebenenfalls ändern zu können. Dazu gehört auch ein Ausdruck des Programms.

Programme sind kostbar

In den meisten Programmen stecken Zeit, Mühe und eine Menge Erfahrung. Deshalb geht man mit funktionierenden Programmen sorgfältig um. Kein Wunder, daß manche Leute Geld dafür verlangen. Beim Kauf von Programmen muß man aufpassen, daß man keinen Murks bekommt. Man kauft ein Programm nur, wenn es ordentlich beschrieben, gespeichert und dokumentiert ist. Dazu gehören ein Ausdruck des Programms, eine kurze Beschreibung, was es tut und was es für Besonderheiten hat, sowie Testdaten, mit denen man prüfen kann, ob es auf den eigenen Rechner paßt. Auch hier muß man aufpassen, daß man keinen Dialekt bekommt, den der eigene Computer nicht versteht. Bevor man bezahlt, macht man auf jeden Fall einen Testlauf.

LOAD oder Programm laden

Was GET bei den Dateien bewirkt, tut LOAD für die Programme, die aus einer Diskette oder Kassette bezogen werden sollen. Zur Benutzung von LOAD und dem Schwesterkommando SAVE muß man das Handbuch gelesen haben. Zu LOAD gehört die Angabe des Programmnamens und manchmal auch des Speichergeräts. Hier ist eine einfache LOAD-Version mit einem interessanten Zusatz:

LOAD KALENDER, R

Hier wird ein Programm namens KALENDER gelesen und sofort in Tätigkeit gesetzt – denn R steht für RUN. Wir wünschen Ihnen, daß zu Ihrem BASIC-Computer ein bequemes LOAD gehört. Das ist, vor allem bei älteren Computern, nicht immer garantiert.

Programmbibliotheken

Zu einem ordentlichen Computer gehört eine Programmbibliothek: Disketten oder Kassetten, auf denen Programme aufgezeichnet sind. Man übermittelt sie mit einem Ladebefehl (wie LOAD) und kann sie dann mit RUN direkt einsetzen. Ausgefeilte BASIC-Systeme bieten die Möglichkeit, daß ein Programm zuletzt ein Fortsetzungsprogramm startet, das weitermacht. Das gibt ganze Programmpakete.

SAVE oder Programm sichern

Was PUT für Datensätze, ist SAVE für Programme, die in einer Programmbibliothek gespeichert werden sollen: Das Überspielen vom Zentralspeicher auf Diskette oder Kassette. Anspruchsvolle Systeme führen eine Liste für jeden Datenträger, auf dem Programme stehen. Man nennt sie in Anlehnung an das englische Wort für »Wörterbuch« auch »directory« (sprich »dairekteri«). Gespeichert sind – unter dem Namen eines jeden Programms – alle Daten, die der Computer braucht, um die Programme zu speichern (SAVE) und in den Zentralspeicher zu bringen (LOAD). An SAVE und LOAD kann man sehen, wie benutzerfreundlich ein Rechner ist.

RUN oder Programmstart

Nur zur Erinnerung: ein Programm startet man mit dem Kommando RUN. Auf RUN folgt der Programmname oder die Befehlsnummer, ab der gestartet werden soll. Sonst fängt das Programm mit dem Befehl an, der die niederste Nummer hat.

Fortsetzung des Programms von Seite 30.

```
       TERMIN3$, TERMIN4$,
       TERMIN5$
170    NEXT TAG
180    NEXT MONAT
199    REM »EINSETZEN NAMEN
       FÜR WOCHENTAGE«
200    RESET FL1
210    GET FL1, DATUM, MONAT,
       TAG, TAGNAME$, EREIG-
       NIS$, TERMIN1$, TERMIN2$,
       TERMIN3$, TERMIN4$,
       TERMIN5$
220    LET TAGNAME$=»SONN-
       TAGbbb«
230    PUT FL1, ––––––
       Namen wie gehabt! –––
       ––––
240    FOR N=1 TO 52
250    FOR M=1 TO 7
260    GET FL1, –––––––
       – Namen wie gehabt ––
       ––––
270    LET TAG-
       NAME$=WOCHE$(M)
280    PUT FL1, –––––––
       –– Namen wie gehabt –
       –––––
290    NEXT M
300    NEXT N
310    GET FL1, –––––––
       –– Namen wie gehabt –
       –––––
320    LET TAGNAME$=»MON-
       TAGbbbb«
330    PUT FL1, –––––––
       –– Namen wie gehabt –
       –––––
340    CLOSE FL1
350    END
```

LIST oder Programmliste machen

Zur Erinnerung: Mit dem Kommando LIST bringt man ein Programm, das im Zentralspeicher steht, auf den Bildschirm, um es zu studieren oder auf den Drucker, um es – beispielsweise – in die Programmdokumentation zu heften. Auf LIST folgt ein Programmname oder eine Befehlsnummer, ab der gelistet werden soll.

Probleme am Rande

BASIC ist zunächst eine Programmiersprache. Es dient dazu, Programme zu formulieren. Aber die modernen Computer, die BASIC können, sind so gebaut, daß sie BASIC auch sofort durchführen – im Dialog mit dem Benutzer. Damit ist BASIC der direkte Weg zum Computer. Deshalb sagt man auch, BASIC sei ein »System« und nicht nur eine Sprache. Besonders deutlich wird das an den Kommandos.
In der Praxis muß man nicht nur wissen, wie gut BASIC ist und welche Eigenarten der Dialekt hat, den der Computer kann. Man muß auch erfahren, wie gut BASIC und der Computer zusammenarbeiten. Am weitesten kommt man, wenn man sich an den Computer setzt, ein Programm von Grund auf ausarbeitet und dann ablaufen läßt. So bekommt man ein Gefühl dafür, was man am System hat.
Man kann auch ein Programm nehmen, das auf einem anderen Computer bereits läuft, und es auf dem eigenen Computer ausprobieren. Dann lernt man, wo die Unterschiede sind – in der Laufzeit des Programms und auch im BASIC. Wenn Sie sich einen Computer kaufen wollen, müssen Sie besonders darauf achten, was das BASIC, das dazugehört, bietet.

Wie gut ist ein BASIC?
Das merkt man am besten, wenn man ein Programm schreibt. Oder eines der größeren Programme aus diesem Buch nimmt und auf den Computer bringt. Meist läuft ein solches Programm nicht auf Anhieb, weil man Fehler macht und weil es Unterschiede im Dialekt gibt. Dann streikt Ihr BASIC. Aber das ist nicht schlimm. Auf dem Bildschirm erscheinen Kommentare und Fehlermeldungen.
Bei den meisten Computern werden die Befehle in BASIC-Sprache gespeichert und vom Mikroprozessor in Mikroprogramme umgesetzt. Die Übersetzungszeit besagt, wie gut Ihr BASIC in einer bestimmten Maschine ist.

BASIC und sein Prozessor
Weil BASIC in Mikros sofort umgesetzt und durchgeführt wird, hängt die Qualität von BASIC und von den BASIC-Programmen davon ab, wie gut der Prozessor ist. Zu jedem BASIC-Befehlswort findet er in seinem ROM-Speicher ein Mikroprogramm, das den Befehl in kleine Schritte übersetzt. Auch die Qualität dieser Mikroprogramme hat Einfluß darauf, wie gut ein BASIC ist – oder wie umständlich.

BASIC und der Speicher
Einen Speicher kann man nur so lange füllen, bis er überläuft. Wieviel BASIC-Befehle Ihr Computer aufnehmen kann, erfahren Sie aus der technischen Beschreibung. Solche Zahlen sind aber immer ein bißchen Theorie. Wichtig ist, daß man bei großen Programmen damit rechnen muß, daß der Speicherraum nicht reicht. Das ist unangenehm, weil BASIC zusammen mit dem Prozessor die Speicher selbst verwaltet und man darauf meist keinen Einfluß hat. Wenn ein Programm zu groß ist, muß man aus dem einen Programm eben zwei machen, so daß das zweite mit den Daten arbeitet, die das erste errechnet hat. Manche BASIC-Versionen haben Befehle und Einrichtungen, die ein Nachfolgeprogramm vom Programmspeicher holen.

BASIC auf dem großen Computer
Wenn man mit einem Bildschirm oder einer Datenstation arbeitet, die an einen großen Computer angeschlossen sind, ist alles anders. Da ist BASIC immer in ein Verwaltungsprogramm eingebettet, das »Betriebssystem« heißt. Es sorgt dafür, daß sich viele Benutzer in die Vorteile des großen Computers teilen können. Man nennt das ein »Informationssystem«. Besonders wichtig ist bei Informationssystemen der Kontakt zur Umwelt. Was halten Sie davon, von Ihrem Heimcomputer aus zum Heimcomputer Ihres Freundes Kontakt aufzunehmen? Über Bildschirmtext kann das morgen schon möglich sein.

Zu einem kleinen BASIC gehört ein kleiner Computer, zu einem kleinen Computer kein umfangreiches BASIC. Jede Computerarbeit hat vornehmlich mit Rechnen zu tun. Deshalb verfügen auch relativ schlichte BASIC-Dialekte über alle herkömmlichen Möglichkeiten zum Rechnen.

Das große BASIC

Wenn BASIC als Programmiersprache umfangreicher wird, über mehr Befehle und bessere Datendarstellungen verfügt, braucht man dazu auch einen größeren Computer. Zum größeren Computer gehört demzufolge auch ein größeres BASIC. Ein sehr großes BASIC taugt nicht mehr für den eigenen, persönlichen Computer, den PC oder Mikro. Es braucht eine große Maschine, in deren Benutzung sich viele Leute teilen. Jeder hat seinen eigenen Bildschirm mit Tastatur und bekommt seinen Bereich im Computer zugewiesen – also Speicher und Rechenzeit.
Für diese Art der Benutzung eines großen Computers gibt es ebenfalls BASIC. Das hat Vorteile. Man verfügt über einen gemeinsamen Zugriff zu Daten und Programmen. Wichtig ist in diesem Zusammenhang auch der Zugriff zu großen Informationssystemen wie etwa dem Bildschirmtext. Man kann beispielsweise Briefe auf dem einen Bildschirm schreiben und sie auf einen andern Bildschirm übertragen. Das ist eine elektronische Kommunikation über einen elektronischen Briefkasten – mit Hilfe von BASIC.

Was ist ein Compiler?

Die Idee der höheren Programmiersprachen besteht darin, daß man den Benutzer von der Maschinensprache befreit, die immer sehr technisch ist. Man sucht, wie bei BASIC, eine Sprache, mit der der Benutzer umgehen kann. Er soll nicht unnötig mit technischen Dingen belastet sein. Eine solche Sprache hat aber nur dann Sinn, wenn der Computer die Programme, die darin geschrieben sind, automatisch in die Maschinensprache übersetzen kann und auch noch prüft, ob sie korrekt geschrieben sind. (Zu jedem Fehler gibt das Übersetzungsprogramm einen Kommentar.)
Das Programm, das Übersetzungen und Fehlerprüfungen besorgt, heißt »Compiler«. Das ist ein amerikanisches Wort und kommt von »Zusammenstellung« oder »Aufbereitung«. Ein Computer kann eine Programmiersprache nur dann verstehen, wenn er einen Compiler für sie hat.

Der Interpreter

Eine höhere Programmiersprache soll dem Benutzer entgegenkommen und ihn von den technischen Eigenarten der Maschine befreien. Sie haben ja mit seinen Problemen nichts zu tun. Eine höhere Programmiersprache hat aber nur dann einen Sinn, wenn der Computer Programme, die in einer solchen Sprache geschrieben sind, selbst und automatisch in die Maschinensprache übertragen kann. Man kann das so machen, daß man einen Befehl, der in der höheren Programmiersprache geschrieben ist, in die Maschinensprache umsetzt und dann sofort abwickelt. Dann kommt der nächste Befehl an die Reihe. Das geht wie beim Dolmetschen. Es wird nicht übersetzt, es wird gedolmetscht. Ein Programm, das dieses kann, ist ein »Interpreter« – nach dem englischen Wort für Dolmetscher. Ein Interpreter ist also etwas anderes als ein Compiler, der – als Übersetzer – Programme im Ganzen überträgt. Die können dann erst durchgeführt werden, wenn auch der letzte Befehl übersetzt ist. BASIC wird üblicherweise interpretiert und nicht kompiliert.

Was ist ein Betriebssystem?

BASIC kennt zwei Arten von Anweisungen an den Computer. Das eine sind die Befehle, die in den Programmen auftauchen: LET, GOTO, IF, FOR, INPUT. Andere kommen vom Benutzer. Man nennt sie Kommandos: RUN, LIST, LOAD. Das Betriebssystem, das es für größere Heimcomputer und Mikros gibt, ist nichts anderes als eine umfassende Sammlung der Kommandos mit denen man den Computer steuern kann. Auch beim großen Computer ist das Betriebssystem dazu da, die Tätigkeit des Benutzers, den man dort den Operator nennt, tatkräftig zu unterstützen.

BASIC in Kurzfassung

Auf diesen zwei Seiten finden Sie die wichtigsten Befehls- und Kommandowörter von BASIC. Die meisten davon funktionieren auch bei bescheidenen BASIC-Dialekten. Sie erinnern sich an den grundlegenden Unterschied zwischen Befehlen und Kommandos? Kommandos gibt der Benutzer seinem Computer direkt über die Tastatur. Sie dienen der direkten Bedienung und werden sofort vom Mikroprozessor ausgeführt. Befehle kommen nur in Programmen vor. Sie weisen den Computer über das Programm an, das zu tun, was man von ihm haben will. Schließlich gibt es noch die Funktionen. Die sind eigentlich auch Befehle, weil sie im Programm verwendet werden.
Zu einem ordentlichen BASIC-Computer gehört neben dem Handbuch auch eine sogenannte Referenzkarte. Sie umfaßt oft mehrere Seiten. Auf ihr sind alle Regeln für Befehle und Kommandos knapp und gut sichtbar zusammengestellt.

BASIC-Kommandos

AUTO	Liefert während des Programmierens eine automatische Folge von Befehlsnummern. Nachdem ein Befehl eingegeben ist, kommt in Schritten zu 10 jeweils die nächste Nummer.
LIST	Zeigt das anstehende Programm auf Bildschirm oder Drucker. Es beginnt, wenn keine Befehlsnummer folgt, beim Befehl mit der niedersten Nummer.
LOAD	Holt ein Programm vom Datenspeicher in den Arbeitsspeicher. (Unterschiedlich je nach BASIC-Dialekt.)
RENUM	Numeriert die Befehle neu: geschlossen aufsteigend.
RUN	Bringt das im Speicher stehende Programm zum Laufen. Ohne Befehlsnummer beginnt es beim Befehl mit der niedersten Nummer.
REWIND	Spult die Kassette zurück.
SAVE	Speichert das Programm auf einem Datenträger. (Unterschiedlich je nach BASIC-Dialekt.)
CLEAR	Löscht alle Daten im Arbeitsspeicher.
NEW	Löscht alle Programme im Arbeitsspeicher
CONT	Setzt ein durch Tastendruck unterbrochenes Programm an der alten Stelle fort.
MEM	Zeigt an, wieviel Speicherplatz noch frei ist.

BASIC-Befehle

CLOSE	Schließt am Ende des Programms einen Bestand ab. Auf CLOSE folgt die Bestandsnummer. (Unterschiedlich je nach BASIC-Dialekt.)
DATA	Eröffnet eine Zeile, in der Programmkonstanten stehen.
DIM	Definiert einen Zahlenbereich mit seiner Länge; die steht in Klammern.
END	Bezeichnet das Ende eines Programms.
FOR	Eröffnet eine Schleife mit fester Umlaufzahl. Man schreibt FOR N=1 TO 100.
GET	Holt einen Datensatz von einem Datenspeicher.
GOSUB	Verzweigt zu einem Unterprogramm. Ist dieses abgelaufen, so kehrt es nach GOSUB zurück.
GOTO	Ist die Verzweigung zu einem Befehl, dessen Nummer auf GOTO folgt.
IF	Leitet eine Verzweigung nach zwei Richtungen ein. Auf IF folgt stets eine Bedingung. Ist diese erfüllt, so wird getan, was sonst noch im IF steht. Ist sie nicht erfüllt, kommt der nächste Befehl an die Reihe.
INPUT	Schreibt ? auf den Schirm und erwartet, daß Daten eingegeben werden.
LET	Eröffnet eine Befehlszeile, in der gerechnet wird. Das Ergebnis geht an das Feld, dessen Name auf LET folgt. LET B=A*A multipliziert A mit sich selbst und speichert das Ergebnis unter dem Namen B.
NEXT	Sagt dem Programm, wo eine FOR-Schleife endet. Auf NEXT folgt der Name der Variablen, die im FOR gezählt werden.
OPEN	Eröffnet einen Bestand für die Verarbeitung. (Unterschiedlich je nach BASIC-Dialekt.)
PRINT	Gibt Ausgabedaten auf den Bildschirm und/oder auf den Drucker.
PRINT USING	Der Befehl für anspruchsvolles Drucken. Auf USING folgen Datennamen und dann eine Druckmaske, die für Anordnung des Gedruckten sorgt.
PUT	Speichert ein Programm auf einen Programm-Datenträger.
READ	Liest in DATA gespeicherte Daten, eines nach dem andern, durch das ganze Programm.
REM	Auf REM folgt ein Schreibsatz, der etwas erklärt.
RESET	Setzt einen Datenbestand auf den Anfang.
RESTORE	Setzt den Befehl, nach dem Daten im DATA gelesen werden sollen, auf das DATA mit der kleinsten Nummer. Oder auf eines, dessen Nummer angegeben ist.
RETURN	Sorgt nach einem GOSUB dafür, daß das Unterprogramm an die richtige Stelle zurückkehrt.
STOP	Beendet ein Programm.

BASIC-Funktionen

ABS(X)	Der absolute Wert von X wird genommen, also die Ziffernfolge ohne Vorzeichen.
INT(X)	Nimmt den ganzzahligen Teil von X. Stellen hinter dem Komma werden weggelassen.
RND	Zwischen 0 und 1 wird eine Zufallszahl erzeugt.
SQR(X)	Zieht die Quadratwurzel aus X.
SUM(A)	A ist ein Bereich von Zahlen, die zusammengezählt werden.
SIN(X)	Sinus von X.
COS(X)	Cosinus von X.
TAN(X)	Tangens von X.
COT(X)	Cotangens von X.
LGT(X)	Logarithmus zur Basis 10.
LOG(X)	Logarithmus zur Basis e.
MAX(A)	Aus dem Bereich A wird die größte Zahl ermittelt.
MIN(A)	Aus dem Bereich A wird die kleinste Zahl ermittelt.

Fremdsprachen sind wichtig

BASIC ist keineswegs die einzige Computersprache, die es gibt. Und wie auch sonst im Leben hat man Vorteile, wenn man nicht nur eine Sprache spricht.
Wer nur eine Programmiersprache beherrscht, überschätzt sich leicht. Er meint dann, er kenne alles und sei nun ein Fachmann. Das ist man aber erst, wenn man über den Dingen steht. Dazu gehört unter anderem, daß man mehrere Programmiersprachen kennt.
Es gibt mehrere Dutzend davon – und Spezialsprachen für verschiedene Zwecke. COBOL ist eine Sprache für kaufmännische Aufgaben, FORTRAN die Sprache der Ingenieure und Wissenschaftler. Eine universelle Sprache ist PL/1. Sie wird von Kaufleuten, Technikern und Wissenschaftlern gleichermaßen benutzt. APL ist eine Sprache für den Rechendialog, PASCAL ein relativ junges Idiom. Alle sind sogenannte höhere Programmiersprachen, weil sie auf den Benutzer ausgerichtet sind – ebenso wie BASIC.

ASSEMBLER für den Computer

Das ist eine sehr technische Programmiersprache, die vom Benutzer einiges verlangt. Mit ihr kommt man – im Gegensatz zu den höheren Programmiersprachen – recht nahe an die Maschine heran; es ist fast eine Maschinensprache. (Ein »Assembler« ist im Englischen ein Monteur.) ASSEMBLER-Programmierer sind Spezialisten.

FORTRAN für Techniker
BASIC ist aus FORTRAN entstanden; es ist gewissermaßen das FORTRAN der kleinen Leute. Das Wort kommt von **FOR**mula **TRAN**slator, »Formelübersetzer«. FORTRAN ist die älteste höhere Programmiersprache überhaupt und stammt aus den Fünfzigerjahren.

COBOL für Kaufleute
Das Wort COBOL ist abgeleitet aus **CO**mmon **B**usiness **O**riented **L**anguage. Auf Deutsch: »Allgemeine kaufmännisch orientierte Sprache«. COBOL-Programme sind gut lesbar; die Befehlswörter kommen ursprünglich aus der amerikanischen Umgangssprache. Zum Feld KONTO addiert man in COBOL einen BETRAG mit folgendem Befehl:

```
ADD BETRAG TO KONTO GIVING KONTO.
```

COBOL ist die meistbenutzte Programmiersprache und kennt kaum Dialekte.

PL/1 für alle Ansprüche
Mit PL/1 hat man vor zwanzig Jahren den Versuch gemacht, eine Sprache zu schaffen, die für alle da sein sollte: für Kaufleute, Techniker und Wissenschaftler. PL/1 heißt **P**rogramming **L**anguage **1**, also »Programmiersprache Nummer Eins«. Nummer eins ist sie nicht geworden, aber sie hat vor allem im Bereich der großen Rechner ihren festen Platz – gleich nach COBOL.

APL für den Rechendialog
Mit einer Dialogsprache wie BASIC kann man dem Computer direkt Anweisungen geben. Auch APL ist eine Dialogsprache fürs Rechnen, aber umfassender und moderner als BASIC. Er ist die Abkürzung für **A** **P**rogramming **L**anguage, »Eine Programmiersprache«. Anstelle von Befehlswörtern hat APL einzelne Zeichen, wie sie bei Mathematikern üblich sind. Die Programme werden damit sehr knapp und sehen wie Formeln aus.

PASCAL, ADA und viele andere
PASCAL und ADA sind junge Sprachen für den wissenschaftlichen Bereich. Neue Programmiersprachen setzen sich nur langsam durch, weil niemand ein FORTRAN-Programm mühsam auf PASCAL umschreibt, nur weil PASCAL nagelneu ist und einige Vorteile bietet.

Register